HEYNE MILLENNIUM

Gayan S. Winter

Die Heilung der inneren Frau

Sieben Schritte zur Selbstbefreiung des Weiblichen

WILHELM HEYNE VERLAG
MÜNCHEN

HEYNE MILLENNIUM
Herausgegeben von Michael Görden

Umwelthinweis:
Dieses Buch wurde auf chlor- und säurefreiem Papier gedruckt.

Umschlaggestaltung: Atelier Schütz, München
Umschlagfoto: Mauritius / Cosmo & Action
Satz: Leingärtner, Nabburg
Druck und Bindung: Wiener Verlag, Himberg
Printed in Austria

ISBN 3-453-13856-2

DU BIST EWIG.

Du bist immer schon dagewesen, und Du wirst immer dasein – in unterschiedlichen Formen und letztlich in einem Zustand der Formlosigkeit. Aber Du kannst niemals vernichtet werden, Du bist unzerstörbar. Wenn Du das weißt, dann verschwindet alle Angst, und das Verschwinden der Angst bedeutet das Auftauchen der Freiheit und der Liebe. Jetzt kannst du mit anderen teilen. Du kannst so viel geben, wie Du willst, denn jetzt bist Du mit der unerschöpflichen Quelle des Lebensstroms verbunden.

Meditation macht Dich heil; sie macht Dich heilig, und sie macht Dich zur unerschöpflichen Quelle für alle, die da hungern und dürsten, die suchen und streben und in der Dunkelheit tappen. Du wirst zu einem Licht. Meditation ist der Weg zur Meisterschaft über Dein eigenes Sein.

Die Wahrheit ist sehr einfach.

Sie braucht kein Training, keine Übung, keine Probe. Du bist einfach, was Du bist. Akzeptiere es und zeige es vor der Welt.

– OSHO, Das Buch der Heilung

Inhalt

Vorwort
9

Erster Schritt
Ich bin ich! – Das Märchen von dem, was sein sollte – Mut zum So-Sein und zur bewußten Unvollkommenheit – Einladung zur Selbstliebe – Deine innere Balance finden – Keine Angst vor Fehlern! – Die Kunst des Loslassens – Übung: Wer bin ich, wo stehe ich?
15

Zweiter Schritt
Die Kraft der natürlichen Weiblichkeit – Die wahren Aufgaben der Frau, ohne Imitation der Männerwelt und Geschlechterkampf – Selbstwert auch ohne Mann und Kind – Sexualität und Liebe – Sicherheit in der Unsicherheit finden – Übung: Den eigenen inneren Rhythmus wiederfinden.
41

Dritter Schritt
Manifestation beginnt im Denken – Ich schaffe meine eigene Welt! – Jenseits von Tradition und Todesstarre – Der Mut, eine neue Realität zu schaffen – Heilung erlauben – Das Ende des Perfektionismus. – Übung: Reise zur Lebensquelle
70

Vierter Schritt
Meditation als Tür zur eigenen Wahrheit – Dein ganz persönliches Lebensskript – Die Kraft der Selbstvergebung – Deine innere Stimme – Die Sprache des Körpers – Die Botschaft der Träume – Übung: Heilmeditation für Frauen
94

Fünfter Schritt
Old-Age-Enttäuschungen und New-Age-Illusionen – Der Guru und die weibliche Kraft – Ich bin mein eigener Meister – Die Suche nach einem neuen Sinn. Übung: Die inneren Knoten lösen …
122

Sechster Schritt
Die dunkle Nacht der Seele – Die innere Wiedergeburt – Dem eigenen Licht folgen – Entfaltung in Freiheit – Mut zum Glücklichsein – Inneren Frieden finden – Übung: Deinen Schatten umarmen
148

Siebter Schritt
Das Erwachen der Intuition – Gesundheit durch innere und äußere Balance – Spiritualität im Alltag – Die Weisheit Deiner inneren Mystikerin – Das Ende der Suche – Übung: Nicht mehr üben – EINS SEIN!
166

Der Siebenerzyklus unserer Bewußtwerdung und inneren Entwicklung
186

Das Tagebuch für sieben mal sieben Tage
194

Literaturhinweise und Adressen
255

Vorwort

Ich bin immer wieder gebeten worden, eine Art Resumé aus den Jahren meiner Arbeit mit Frauen zu ziehen, einen Leitfaden zu spinnen, eine geistige Verbindung, ein Netzwerk verwandter Seelen ... hin zu den Menschen, denen ich in diesem Leben vielleicht nie persönlich begegnen werde. Ich habe dieses Buch deshalb auch ganz bewußt in der Du-Form gehalten, da sie eine Öffnung erlaubt, die Intimität und Nähe gestattet, welche mit dem unpersönlicheren »Sie« verlorengeht.

Wir alle leben in einer hochintensiven Zeit des Wandels, der Unsicherheit und der unvermeidlichen inneren und äußeren Transformation. Das neue Jahrhundert steht bereits am Horizont.

Aus meiner Arbeit haben sich sieben sehr verständliche Schritte herauskristallisiert, die in allen Transformationsprozessen, in allen Lebenskrisen und geistigen Geburtswehen Stufen und Hilfen der Wandlung und Heilung sein können.

Natürlich sind Transformation und innere Wiedergeburt dynamische Prozesse, die individuell ganz verschieden ablaufen. Was der eine Mensch als Auslöser und Anfang einer Krise erlebt, ist für den anderen bereits der Höhepunkt der Katharsis. Jeder Mensch hat seinen eigenen Lebensrhythmus, seine eigene Schwingungsfrequenz, seine ganz eigene innere Welt, in der er die Ereignisse seines Lebens erfährt und durchlebt.

Durch meine Arbeit kam ich mit Hunderten von Menschen in Berührung, besonders aber mit vielen Frauen, die sich innerlich an einer »Schwelle« befanden. Sie offenbarten mir ihre verborgensten Schmerzen und gewährten mir intimsten Einblick in ihre oft seit Jahren trauernde Psyche. Auch ich öffnete mich immer wieder in solchen Augenblicken und zeigte meinen Schmerz, meine Wunden, die ich ebenfalls noch immer nicht heilen ließ; stellte mich nicht abseits, sondern war auch bereit, mein Herz zu offenbaren. Und es war immer wieder dieses Sichöffnenkönnen und innere Erlauben, das mir die tiefsten Einblicke in mein eigenes Leben sowie das meiner Mitmenschen gestattete.

Vor jedem Workshop, vor jeder privaten Sitzung bemühe ich mich – meist durch ein kleines stilles Gebet oder eine kurze Meditation – fähig zu sein, meine eigenen Vorstellungen, Vorurteile und Ängste in den Hintergrund zu stellen, um leer und offen zu werden für die Menschen, welche mich im Gruppenraum erwarten. Ich will mich nicht durch meine eigenen Gedanken in meiner Intuition und medialen Einsicht bremsen lassen, sondern sie wahrnehmen, ohne mich in ihnen zu verlieren. Mit anderen Worten, ich bemühe mich, im Hier und Jetzt zu sein, um mit den Menschen voll und ganz da sein zu können. Danach kam immer eine ganz spezielle Ruhe über mich. Ich sah viel klarer. Ich sah jetzt mit dem Herzen und nicht mehr nur mit meinem Verstand. Ich war offen und verletzlich, ohne Maske. Ich erkannte mich in jeder Gruppenteilnehmerin, in jedem Gruppenteilnehmer auf die eine oder andere Weise wieder. Durch meine eigene Offenheit konnte ich mich entspannen und alle anderen mit mir. Und so gelang es mir meist schon nach Minuten des Zusammenseins, eine warme, harmonische, sichere Atmosphäre zu schaffen, in der tiefe, heilende Arbeit möglich wurde.

Die Masken fielen ganz von selbst, die Herzen öffneten sich füreinander, und im Raum wurde eine wunderbare Schwingung der Liebe und des Eins-Seins spürbar. Mein Herz füllte sich in solchen Augenblicken oft mit so tiefer Dankbarkeit, daß mir Tränen in die Augen traten. Ich spürte das Vertrauen der Menschen um mich wie ein

Geschenk des Himmels! Die Chance zu haben, eine neue Öffnung zum eigenen Wesen zu finden, die immer auch innere Heilung mit sich brachte, empfand ich stets als ein wahres Gottesgeschenk.

Einer der wichtigsten Punkte bei diesem Prozeß bestand jedoch immer darin, für sich selbst herauszufinden, ob jemand wirklich heilen wollte! Ich glaube, dieser Punkt wird oft übersehen, da wir annehmen, daß jeder Mensch heilen will.

Aber dem ist nicht so. Zu viel wurde investiert in Wunden, die wir nicht heilen lassen wollen, da sie uns mit einer Form von Zuwendung beschenken – nämlich dem Mitleid –, die besser ist als gar keine Zuwendung, und wir glauben, ohne sie nicht mehr existieren zu können. Dieses »Festhalten« und »Offenhalten« unserer Wunden muß uns voll bewußt werden, da dieses Verhalten eine unüberwindliche Barriere zur Heilung bedeutet.

Wieviel hast Du investiert in Deine Wunden?

Was geben sie Dir?

Weshalb dürfen sie nicht heilen?

Diese Fragen müssen zuerst mit abgrundtiefer Ehrlichkeit beantwortet werden, bevor wir weitergehen können. Denn auch eine Wunde kann zur Maske werden. Eine Krankheit, die eigentlich als Weckruf gedacht war, kann zum »Lebensinhalt« werden, wenn wir nicht beginnen, uns selbst zu akzeptieren, mit all unseren Wunden, Fehlern und Schwächen, und schließlich lernen, auch ohne Masken zu lieben und zu leben. Denn eine Wunde kann uns leider auch »vor dem Leben schützen«.

Es ist möglich, daß wir die Vorstellungen über uns selbst, die unser Leben und unsere Möglichkeiten limitieren, loslassen. Aber die Masken können wir nur dann ablegen, die Wunden nur dann heilen, wenn wir uns sicher genug fühlen und lernen, liebevoller mit uns selbst und miteinander umzugehen, und beginnen, andere Menschen wie uns selbst zu behandeln. Denn so, wie Du andere behandelst, so behandelst Du Dich selbst! Denn in der allumfassenden, transzendentalen Wirklichkeit sind wir in unserem globalen Schwingungsnetz nicht voneinander getrennt.

Du siehst im anderen nur das, was in Dir selbst ist.

Du verdammst im anderen nur das, was Du in Dir selbst verdammst.

Und Du liebst den anderen nur so viel, wie Du Dich selbst liebst.

Der andere Mensch ist Dein Spiegel. Du existierst nicht getrennt von ihm. Wenn Du Dich versteckst und zumauerst, leidest nicht nur Du. Auf einer subtilen, nicht bewußten Ebene leiden die Menschen, die Dir nahestehen, ebenfalls. Wenn Du Dich hingegen öffnest und Dich zeigst, wie Du bist, haben auch alle anderen den Mut, es Dir gleich zu tun. Wir sitzen alle im selben Boot.

Eines der wichtigsten Attribute des Menschen im nächsten Jahrhundert wird seine Fähigkeit zur Flexibilität sein. Und flexibel sind wir nur dann, wenn wir keinen unnötigen mentalen und physischen Ballast mit uns herumschleppen. Das heißt, wenn wir so weit wie möglich frei werden von den negativen Konditionierungen unserer Vergangenheit.

Sobald wir den Mut aufbringen, unsere sicheren Positionen, unsere inneren und äußeren Festungen zu verlassen und uns vertrauensvoll in den Strom des Lebens zu stürzen oder uns einfach mal – nur zur Abwechslung – darin treiben zu lassen und uns zu entspannen, erfahren wir vielleicht das erste Mal im Leben, was wahre Freiheit und innere Heilung bedeuten. Ohne diese Freiheit, ohne diese Chance zu heilen und ohne einen natürlichen, gesunden Abstand von unserer Vergangenheit gibt es keine Transformation. Wenn wir unseren Willen fortwährend dazu mißbrauchen, gegen den Strom des Lebens zu schwimmen, erfahren wir niemals, wohin das Leben uns wirklich tragen will…

Wir brauchen zunächst einen gewissen Abstand von uns selbst und damit von all den Gedanken und Wünschen, all den Vorstellungen und Richtlinien, Werten und Dogmen, die uns konditioniert, definiert und eingeschränkt haben. Dann erst können wir erkennen, wo wir stehen, wie unsere Geschichte unser Leben geprägt hat. Krisen und Zeiten des Wandels bringen uns die tiefsten und auch schmerzvollsten Einsichten, da sich die unwichtig gewordene Peripherie des Egos offenbart und auflöst. Wir haben weniger Kraft und Geduld für das Unwichtige in unserem Leben, und das ist ein wahres Geschenk. Ich bin der Überzeugung, daß es genügend Menschen gibt, die bereit sind, endgültig ihre Augen zu öffnen und den Höhenflug zur wahren Bestimmung ihres Lebens anzutreten.

Jeder Mensch darf und soll nach seiner eigenen individuellen Fasson glücklich werden und muß nicht in den ausgetretenen Fußstapfen anderer sein Wohl suchen. Du selbst hast alle Kräfte der kreativen Selbstverwirklichung in Dir. Du hast die Erlaubnis des Universums, auch unvollkommen glücklich zu sein. Du mußt nichts verändern, um das zu sein, was Du sowieso schon bist!

Dieses Buch ist als praktische Hilfestellung für all jene Frauen und Männer gedacht, die diese Schritte auf ihre eigene, ganz individuelle Art nachvollziehen möchten und den Wunsch haben, für sich persönlich eine neue Realität zu schaffen, indem sie ihr ureigenstes Selbstwertgefühl finden und ihr Licht nicht mehr weiter unter den Scheffel stellen, sondern den Mut finden, es zu leben.

Die sieben Schritte zeigen an, wie wir uns von unserer Vergangenheit, unseren selbstzerstörerischen Traditionen und Glaubenssystemen, unserem veralteten Denken, unseren Schuldgefühlen, unserer eigenen Geschichte, unseren einengenden Gedankenmustern und geistigen Fesseln lösen und endlich aus unseren alt gewordenen Larven ausschlüpfen können!

Sie helfen, uns daran zu erinnern, daß unsere Seele in Wirklichkeit Flügel hat, die wir entfalten können... wenn wir nur wollen.

DIE ZEIT IST REIF!

Mit liebevollsten Wünschen auf dem abenteuerlichen Weg der inneren und äußeren Heilung!

Gayan Sylvie Winter, Santa Fe, New Mexico 1997

Erster Schritt

Ich bin ich! – Das Märchen von dem, was sein sollte – Mut zum So-Sein und zur bewußten Unvollkommenheit – Einladung zur Selbstliebe – Deine innere Balance finden – Keine Angst vor Fehlern! – Die Kunst des Loslassens – Übung: Wer bin ich, wo stehe ich?

Ich bin ich!

Deine Selbst-Wieder-Findung und die Heilung deiner inneren Frau kann nur dann geschehen, wenn du mit ganzem Herzen dabei bist!

Dein ganzes Sein, Dein volles Bewußtsein, hat die Chance, in diesem Augenblick, in diesem Prozeß zum Ausdruck zu kommen. Es ist das Schwert, mit dem Du den Schleier der Selbst-Täuschung zerreißt. Du sollst dabei wirklich total sein, Dich selbst ernst genug nehmen, um Deine innere Heilung zu erlauben. Dabei besteht die erste Aufgabe in der Wiedererweckung Deines vergessenen Selbstwertgefühls, Deines Selbst-Bewußtseins. Ohne dieses Bewußtsein des SELBST geht es nicht.

DU BIST EINMALIG AUF DIESER WELT!

Es gibt niemanden, der so ist wie Du, und es wird niemals wieder jemanden geben, der so ist wie Du. Das ist Deine Verantwortung! Wenn Du nicht bereit bist, DICH zu leben, ist Dein Leben leer, wirst Du nie Deine eigene Knospe zum Erblühen bringen. Du wirst ewig suchen und Dich in Illusionen über ein Ziel verlieren. Daher solltest du den Fokus wieder auf Dein Innerstes richten. Auf DEIN Wesen hin!

Das größte Hindernis bei der Wiederentdeckung Deiner

eigenen Göttlichkeit bist Du selbst. Dein Ego. Das, was man Dir von Anbeginn als Dein wahres Selbst verkauft hat, was aber in Wirklichkeit nichts weiter ist als all Deine Urteile, Vor-Urteile, Nach-Urteile, Meinungen und sich ständig wiederholenden negativen Gedankenabläufe. Gegen diesen Gedanken wird sich Dein Ego wehren. Nur wenn Du jetzt ganz bewußt bleibst und Dich nicht mit der kritischen Stimme der Außenwelt in Dir identifizierst, wirst Du deine eigene Wahrheit finden und sie auch bewußt und froh leben können.

Sobald Du auf die Welt kommst, beginnt Dich die Gesellschaft nach ihrer eigenen Konditionierung, nach ihren eigenen Glaubensrichtungen und Traditionen zu formen. Ganz gleich, ob diese bewußt oder unbewußt sind, veraltet oder neu, liebevoll oder lieblos, dogmatisch oder weise. Wirst Du in eine christliche Welt geboren, werden die Jungfrau Maria oder Jesus für Dich wichtig werden. Wenn Du in Indien auf die Welt kommst, werden die indischen Weisen Deine Vorbilder und Götter sein. Wirst Du in China geboren, hat das Wort »Gott« wieder eine andere Bedeutung. Und JEDES Volk glaubt, den einzig wahren Gott anzubeten. Den einzig echten, richtigen, wahrhaftigen, allmächtigen Gott. Wohlgemerkt Gott, nicht Göttin. Und genau hier liegt die Wurzel von Jahrtausenden von Schmerz und Leid, von Krieg und Elend, von Folter und absolut unmenschlichem, grausamem Verhalten. Nur den eigenen Gott als den einzig wahren und echten anzusehen und ihn mit allen Mitteln zu verteidigen, für ihn zu töten und zu morden, ist nicht spirituell. Es ist genau das Gegenteil, vollkommen unbewußt und gewalttätig. Sobald Du dies einmal wirklich begreifst – und dazu gehört viel Mut, denn Du mußt Deine eigenen Glaubenssätze ebenfalls in Frage stellen – machst Du den ersten Schritt zum inneren Erwachen, zu Deiner eigenen inneren Wahrheit.

Du löst Dich von der Masse. Von ihrem Denken, von ihrer Angst und gnadenlosen Gier, alles zu manipulieren und zu kontrollieren, was sie nicht versteht. Du löst Dich von ihrer Sucht nach Macht, besonders im religiösen Bereich. Du magst vielleicht eine Weile einsam sein, bis Du deinen echten Seelenstamm gefunden hast, aber jede Minute dieses Prozesses ist es wert, gelebt zu werden. Jede Minute bringt Dich Dir selbst und damit Deiner eigenen inneren Wahrheit näher.

Wenn ich auf meine Kindheit zurückblicke, bleibe ich oft in einem Zeitraum hängen, der sich um das vierte bis fünfte Jahr bewegt. Ich war damals noch Ich. Das heißt, es gab noch gar kein »Ich« in der Form des sich später entwickelnden Egos. Ich war noch eins mit allem um mich herum.

Der nicht aufzuhaltende »Erziehungsprozeß« wartete zwar bereits am Horizont, aber ich lebte noch voll in der Gegenwart des Augenblicks, und ein Morgen hatte für mich noch keinerlei Bedeutung. Ich war noch ganz und gar vom Mysterium der Natur, meiner Heimat in den Alpen, verzaubert. Ich stellte mich noch nicht in Frage. Ich ruhte noch in mir. Es gab keine Abtrennung. Alles war EINS. Alles war gut. Ich war weder Junge noch Mädchen, war noch nicht in mir geteilt, wußte noch nicht, welches Rollenspiel später von mir einmal verlangt werden würde.

Mit zehn »erwachte« ich. Ich wollte nicht älter werden. Ich wollte weiter das Messerwerfen üben, weiter die Wälder nach unbekannten Höhlen durchstreifen und im warmen Gras liegend in den Himmel schauen. Ich wollte kein »Mädchen« sein. Die Puppe hatte ich längst hinter mir gelassen. Ich liebte es, allein zu sein, zu schreiben und malen; ich liebte mein Taschenmesser und den Wald und natürlich Puck, meinen Terrier.

Die Freiheit, die ich damals so unbeschreiblich lebendig in mir pulsieren fühlte, schien jedoch bereits gefährdet. Gefährdet von seltsamen Erwachsenen, deren Einfluß auf mich immer stärker wurde und aus deren Welt ich keine übereinstimmenden Signale erhielt. Erst mit dem »Erwachen« in diese Welt der Erwachsenen begann der innerliche Kampf. Ich war meinem Kindheitstraum entwachsen. Je deutlicher mir meine Umwelt und ihre Erwartungen bewußt wurden, desto schneller schrumpfte meine Zauberwelt. Die wahre Omnipotenz, die ich stundenlang rennend durch Wiesen und Wälder in meinen Adern pulsieren gefühlt hatte, blieb langsam auf der Strecke. Ich verlor meine magischen Kräfte. Ich vergaß mich selbst, und mit Beginn der Schulzeit wurde endgültig alles anders.

Es gab kein Zurück.

Von meiner Mutter verwöhnt, weil sie so fest an mich glaubte, daß ich alles fertigbringen würde, was ich mir zum Ziel gesetzt hatte, trat ich in eine Welt, in der ich plötzlich nicht mehr gut genug schien. Erstens waren Flüchtlinge aus Schlesien in Bayern nicht besonders willkommen, und zweitens hatte ich keinen Vater. Nur einen Namen, Silvio Sandi, und ein paar Fotos ... Da ich mich für ihn schämte und damit mich selbst zu schämen begann, weil er nie für mich da gewesen war, sich nie um mich gekümmert hatte, fing ich sehr bald an, mit gebeugten Schultern zu gehen und mich so oft es ging zu verstecken. Und da Italiener in den fünfziger Jahren in Deutschland zunächst nur in den unteren Berufsgruppen zu finden waren, begann ich zu schwindeln und behauptete, mein Vater sei Franzose und nicht Italiener.

Für meine Mutter tat ich alles. Sie war das Zentrum meiner Welt. Und sie war stolz auf mich. Sie glaubte an mich, glaubte daran, daß ich alles erreichen konnte. Dies ließ zwar einerseits ein gewisses Selbstbewußtsein in mir heranwachsen, aber verursachte andererseits auch die große Angst, einmal doch zu versagen und sie damit unwiderruflich zu enttäuschen. Ich mußte immer das Sonnenkind sein, das nur so vor Kraft strahlte. Ich war ihr Trost und auch ihr einziger Halt, als uns der Vater verließ. Ihr Schmerz grub sich tief in mich ein. Es lag jetzt an mir, sie glücklich zu machen.

Auf der einen Seite traute ich mir alles zu, auf der anderen hatte ich Angst. Angst davor, in den Augen der anderen nicht gut genug zu sein. Ich wußte ganz tief im Inneren, daß diese Furcht unnötig war, und doch faßte sie immer mehr in mir Fuß. Zuerst war es nur ein Gedanke, den ich zuvor nicht gekannt hatte. Dann wurde es ein Gefühl und lag manchmal schwer auf meinem Herzen. Das eine verstärkte das andere. Der Gedanke löste das Gefühl aus und umgekehrt. Mein Selbstwertgefühl löste sich auf. Es brauchte Jahre und viel konzentrierte Zeit und teils schmerzhafte Rückerinnerungsarbeit, um es wiederzugewinnen.

Mit Rückerinnerungsarbeit meine ich nicht die Arbeit mit vergangenen Leben, sondern die Erinnerung an die Kindheit in diesem Leben. Dazu bedarf es auch nicht jahrelanger Arbeit mit einem Therapeuten, denn jeder Mensch kann einen Weg aus dieser Verwirrung finden, wenn er nur will.

Eine große Hilfe kann in solchen Zeiten ein Mensch sein, dem Du in vollstem Vertrauen Dein Herz öffnen kannst, der wie ein Spiegel für Dich ist. Der wiederspiegelt, aber Dich nicht beurteilt. Denn es gilt zunächst, mutig einige der wichtigsten Situationen wieder aufsteigen zu lassen und sie vor Dein inneres Auge zu führen, die damals die Auslöser für diese Gefühle waren, auch wenn diese Situationen schemenhaft und vage sind. Du brauchst sie nicht mit dem Verstand begreifen, und sie müssen auch keinen rationalen Sinn ergeben.

Wichtig ist, daß Du die Gefühlsebene erspürst und erkennst, daß diese Gefühle in Deiner jetzigen Situation nicht mehr stimmen und deshalb auch keine Gewalt über Dich haben können. Anstatt sie zu verdrängen, bedanke Dich bei ihnen und sage ihnen, daß sie ihre Aufgabe erfüllt haben und Du sie jetzt gehen läßt, da Du sie in dieser Form nicht mehr brauchst.

Damit hörst Du auf, sie festzuhalten!

Dann lösen sie sich auf … und Du mußt Dich nicht mehr mit ihnen identifizieren.

Mit diesem Schritt beginnt die Heilung der inneren Frau. Diese Heilung muß innen beginnen, bevor sie nach außen hin ihre Kreise ziehen und in Deinem Leben wirksam werden kann. Sobald Du erkennst, daß Du in Wirklichkeit immer nur Du selbst bist und sein kannst, hört der innere Kampf auf. Du hörst mit dem unbewußten Wiederkäuen der Schmerzen auf, dem Aufreißen alter Wunden. Du beginnst zu heilen und konstruktiv zu leben. Du erinnerst Dich an Dich selbst, wer Du wirklich bist, jenseits von allen gesellschaftlichen Aufgaben und Rollen, jenseits von Familie und Geschlecht.

Die wichtigste Frage, die immer wieder im Leben jedes spirituellen Suchens auftaucht, lautet: WER BIN ICH WIRKLICH?

Wer bin ich wirklich ...?
Bin ich mein Körper?
Bin ich mein Name?
Bin ich mein Beruf?
Bin ich Mutter oder Ehefrau?
Bin ich mein Ego?
Bin ich meine Persona, meine Masken ...?
Bin ich meine Gedanken?
Bin ich meine Gefühle?
Bin ich nur Frau oder auch Mann?
Bin ich Seele, bin ich Wesen, bin ich Gott?

Diese Frage geht bis ins Mark und begleitet Dich Dein ganzes Leben lang. Du wirst mit ihr leben lernen und eines Tages die Antwort finden, wenn Du Geduld übst und Dir erlaubst, tief in Dich zu schauen.

Eine ganz große Hilfe besteht darin, aufzuschreiben, was Du NICHT bist!

Zu erfahren, wer oder was Du bist, erfordert das Bewußtsein dessen, was Du NICHT bist!

Als Kind sind wir noch so total eins mit uns selbst, mit unserem Wesen, mit unserer Seele, daß diese Frage keine Bedeutung hat. Erst später, wenn unser Image im Spiegel der äußeren Welt klarer wird, taucht die Frage immer öfter auf. Was uns wiedergespiegelt wird, scheinen wir nicht zu sein. Wir fühlen uns unerkannt, ungeliebt und nicht wirklich wahrgenommen. Im Alter von ungefähr acht Jahren ist das Kind bereits so von seiner ursprünglichen Lebenskraft abgelenkt, daß es nun leicht fällt, den allgemeinen Trichter veralteten mentalen Unrats anzusetzen und es darin seelisch zu ersticken. Die Frage: WER BIN ICH? geht darin unter. Und ganz gleich, wie sehr Du Dich später darum bemühst, »perfekt« und damit liebenswert zu werden – in Deinem innersten Wesen bleibst Du immer Du selbst. Das Wort »perfekt« führt Dich in die Irre. Es geht darum, dieses Selbst, Dein Wesen, kennenzulernen. Mit allen Tiefen und Höhen. Nichts auszulassen, auch Deinen Schatten nicht, der Dich sowieso überallhin begleitet.

Die Annahme des Schattens, Deines anderen Poles, Deiner »Unvollkommenheit«, ist einer der ersten Schritte. Sie bewirkt Deine innere und damit auch eine äußere Heilung. Sie bringt Deine eigene Lebenskraft wieder ins Lot. Sie macht Dich »GANZ«, weil sie Dir die abgetrennten und ungewollten Teile Deines Selbsts wieder ins Bewußtsein bringt und Du nun die Möglichkeit hast, diese zu integrieren, indem Du sie nicht weiter bekämpfst, sondern Sie annimmst und nicht mehr mit Namen und Bezeichnungen negativer Art belegst.

Wir haben eine unendliche Faszination mit unseren sogenannten negativen und »bösen« Eigenschaften und damit, uns mit ihnen als einzig geltende Wahrheit über uns selbst zu identifizieren, als ob die »guten« Eigenschaften in uns gar nicht gelten. Wenn Dich jemand beleidigt und beschimpft, kannst Du immer Gründe finden, warum dieser Mensch vielleicht recht hat. Aber wenn Dich jemand lobt, wirst Du mißtrauisch ...

Das Märchen von dem, was sein sollte

Du kannst Dich natürlich immer gegen Dein Leben, gegen Dein jeweiliges Schicksal, gegen Dich selbst auflehnen, Dich selbst bekämpfen und Deine Energie damit vergeuden. Doch im Kampf findest Du keine Lösung. Wenn Du nach dem »Perfekten« strebst, wirst Du immer enttäuscht und einsam sein. Wenn Du schon weißt, wonach Du suchst, gibt es keine Überraschung. Das heißt nicht, daß wir nur alle viere von uns strecken und gar nichts mehr tun sollen. Es gibt immer Situationen, die nicht so hingenommen werden müssen, wie sie zu sein scheinen. Doch das wichtigste dabei ist, den eigenen Fokus genau einzustellen, bevor Du Dich gegen etwas auflehnst, was Du im Augenblick nicht erkennen oder verstehen kannst. Dinge, die zunächst negativ erscheinen, können sich mit der Zeit als sehr positiv herausstellen, und umgekehrt.

Eine kleine Geschichte macht dies deutlich:

»Einem armen Mann lief sein einziges Pferd davon. Das ganze Dorf bemitleidete ihn. Aber der Mann war nicht beunruhigt. Er schickte seinen Sohn hinaus in die Wildnis, um es wieder einzufangen. Der Sohn kehrte daraufhin nicht nur mit einem Pferd, sondern mit einer ganzen Herde wilder Pferde zurück. Die Dorfbewohner jubelten und beglückwünschten den Mann für sein wundervolles Schicksal. Doch er hielt sich zurück und meinte nur, daß man nicht wissen könne, was dies bedeutete.

Nach einiger Zeit geschah ein böser Unfall. Eines der wilden Pferde warf seinen Sohn ab, und dieser wurde durch den Sturz zum Krüppel. Das ganze Dorf trauerte mit dem Mann. Doch er erwiderte, daß es nicht sicher sei, ob dies ein Segen oder ein Fluch war ...

Wieder vergingen einige Jahre.

Ein Krieg brach aus, und alle jungen Männer wurden eingezogen, nur der verkrüppelte Sohn nicht. Das ganze Dorf beneidete den Vater. Und wieder meinte der Mann, daß man nicht wissen könne, ob dies nun gut oder schlecht war ...«

VERSTEHEN BEDEUTET TRANSFORMATION!

Eine Erweiterung der Wahrnehmung hat immer Konsequenzen. Denn sobald Du einmal etwas wirklich existentiell verstanden hast, verändert sich alles. Dich selbst und Dein ganzes Dasein in jedem Moment so anzunehmen, wie es ist, erfordert Arbeit, Geduld und Demut. Es fällt Dir nicht in den Schoß. Es braucht geistige Flexibilität.

Um zu verstehen, mußt Du Dich darum bemühen, aus der Trance der Alltagswelt und des Alltagsbewußtseins aufzuwachen, ohne zu versuchen, die Welt zu verändern oder diesen Traum der Welt allzu ernst zu nehmen. Es geht auch nicht darum, wie das Leben sein sollte, wie es sein könnte, wie es hätte sein sollen, wie es zu sein hat, sondern darum, wie es ist. Du kannst Dein ganzes Leben damit zubringen, dem nachzulaufen, was sein sollte! Aber das, was ist, ist in Wirklichkeit immer nur ewige Gegenwart, ist immer reines Sein, ist immer GOTT, ist immer nur das Unnennbare, das Absolute. Kein christlicher, kein jüdischer, kein mit Namen zu nennender Gott. Richtiger ist es, Gott als eine GÖTTLICHE KRAFT zu bezeichnen, damit wir IHN oder SIE nicht mehr irrtümlicherweise in eine menschliche Form zwingen müssen. Denn so beginnt der Unfug.

Die Kraft, von der ich hier spreche und die man im allgemeinen mit Gott bezeichnet, ist mit unseren Sprachmitteln nicht zu erfassen. So, wie auch das Mysterium unseres Daseins mental nicht faßbar ist. Richtig gesehen, bedeutet das innere Freiheit. Sobald diese Wahrheit einmal begriffen ist, ist das Leben kein Problem mehr! Wir selbst machen es uns weniger und weniger zum Problem. Dann haben wir die Kraft, nicht gegen den Strom, sondern mit ihm zu schwimmen, uns treiben zu lassen und zu genießen, ohne unseren so heißverehrten, unfehlbaren menschlichen Willen einzuschalten. Dann ist uns unser kleiner, persönlicher, oft blinder Wille – unser Ego – nicht mehr die einzige trübe Lampe in der Dunkelheit. Dann spürst Du die unendliche Kraft Deines Lebens in Dir, die Dir wahres Vertrauen gibt, und bist jenseits von Glauben und wechselnden Ansichten, die oft nur vererbten, unbestimmten Ängsten entspringen.

DENN EIN GOTT, VOR DEM DU ANGST HAST, IST KEIN GOTT!

Er ist der Auswuchs eines patriarchalischen Geistes, der nur Macht und Kontrolle im Sinn hat. Der durch Angst regiert. Er macht Dir Angst, obwohl Du nichts zu fürchten brauchst, und lockt Dich mit Hoffnungen, wo es nichts zu hoffen gibt.

Wer sind wir dann in diesem dramatischen Spiel?
Wer ich bin, liegt so viel tiefer als die Persönlichkeit …
Die wichtigste Frage in Deinem Leben ist: Wer bin ich?
Und jede sprachliche Definierung ist eine Fessel … sie kann Deine Wahrheit nicht beschreiben.

Mut zum So-Sein und zur bewußten Unvollkommenheit

Gerade wenn die Probleme der Außenwelt, die sich im Inneren widerspiegeln, überhand nehmen, ist das ein guter Moment, die eigene »Unvollkommenheit« anzunehmen und die tiefere Einsicht zu erlauben, daß Unvollkommenheit KREATIV ist! Dieses Wissen um die natürliche Unvollkommenheit ist im Grunde unser Schutz gegen den mentalen Kerker des Perfektionismus. Sobald wir beginnen, unsere Unvollkommenheit anzunehmen und nicht weiter auf ein Morgen zu hoffen, wo wir als perfekte Engel durch den Himmel schweben, beginnt unser wahres Leben. Dann erst ist innerliche Freiheit möglich. Wir entspannen uns innerlich, da wir erkannt haben, daß kein anderer uns vorwärts treibt. Daß wir selbst es sind, die die Peitsche schwingen. Und warum streben wir nach dieser absoluten »Perfektheit«? Weil wir hoffen, mehr geliebt zu werden, wenn wir vollkommen sind.

Fühlen wir uns wirklich vollkommener, wenn wir eine Menge Geld zusammengerafft haben, um uns freizukaufen von dem Gefühl, sonst nichts wert zu sein? Das wahre Motiv hinter dieser Sucht in sich selbst zu finden, es wirklich zu sehen, in einem Augenblick klarster Wachheit, bedeutet innere Erlösung. Dann hat Selbstliebe eine Chance zu erblühen. Dann bist du innerlich offen, weil Du nicht auf ein Morgen warten mußt, um Dich selbst so zu lieben, wie Du bist. Und erst dann kann diese Liebe auch auf andere überfließen.

Einladung zur Selbstliebe

SEI GUT ZU DIR! DAS IST DIE EINZIG WAHRE REVOLUTION.

Denn wenn Du Dich selbst annimmst, nimmst Du auch Dein Leben an.

Du hast die Erlaubnis, Dich selbst gern zu haben und zu lieben.

Denn so, wie Du Dich selbst behandelst, behandelst Du die Welt. Wie Du Dich selbst siehst, so siehst Du die Welt. Deine Welt gehört Dir. Du projizierst alles auf Deine Welt. Ein Mensch, der sich nicht mag, kann nicht von anderen erwarten, daß sie ihn lieben. Doch wie oft mögen wir uns selbst nicht und sind tief beleidigt, wenn wir nicht geliebt werden. Aber da Selbstliebe nirgends gelehrt wird, sondern immer nur mit Narzißmus gleichgesetzt wird, lernen wir nicht, was es heißt, sich selbst anzunehmen und zu lieben.

Man beraubt uns damit sehr früh jeder Möglichkeit, glücklich zu sein. Denn nur ein Mensch, der sich selbst gern hat und Liebe fühlt, ist glücklich und kann auch mit anderen Menschen glücklich sein. Ein froher Mensch zieht frohe Menschen an. Unglückliche Geister lieben die Gesellschaft von Unglück. Unglückliche Menschen können manipuliert werden durch ihre Angst; glückliche, frohgesinnte Menschen nicht.

Wenn uns jetzt, in diesem Augenblick, ganz klar wäre, wie wichtig es ist, daß wir uns selbst annehmen, vergeben und so akzeptieren, wie wir jetzt sind, geschähe eines auf der Stelle:

Wir würden die Ernsthaftigkeit der Situation erkennen und aus unserem Schlaf erwachen. Dies ist lebenswichtig, so wichtig wie der Atem, der Dich durchströmt, der die Liebe des Universums zu Dir ist. Es atmet Dich … damit Du leben kannst. Als Dank liebst Du Dich nicht, sondern machst Dich und damit auch die Welt kaputt.

Aber da wir es fast als »Sünde« empfinden, uns selbst zu lieben, braucht es manchmal viel Zeit, die alten Märchen von einem zornigen, eifersüchtigen Gott abzuschütteln wie einen bösen Traum. Dieser Traum wird leider von der Außenwelt weiterhin unterstützt, und es braucht viel Kraft und Mut und wirklich gesundes Gottvertrauen, um den Schleier der Falschheit zu lüften und die eigene innere Wahrheit angstlos zu leben und der eigenen Erkenntnis zu folgen.

Zeiten des kreativen Chaos, der Umwälzungen und tiefen Wandlungen sind für den rationalen Verstand immer schwer zu ertragen. Das Herz weiß mehr. Wenn etwas im Umbruch ist, kannst Du keine Entscheidungen treffen, doch kannst Du intuitiv mit Deinem Gefühl gehen und Dich so auf die Wandlung vorbereiten.

Du möchtest jetzt Menschen in Dein Leben einladen, die Dir mit ihrer Reife und Weisheit zur Seite stehen können und Dir in den ersten Stunden auf Deinem neuen Weg die Hand reichen. Und dies kann überall geschehen. In der Straßenbahn, im Zug, auf der Straße. Kleine Zeichen des Universums, heilende Worte, gesprochen von Menschen, die Du wahrscheinlich nie wiedersehen wirst …

Der weise, liebevolle Blick einer alten Frau,
das Lächeln eines Babys,
ein Blatt, das der Wind vom Baum weht …
Ein Vogel, der über Dich hinwegfliegt und Dich ruft …
Ein Tautropfen voller Licht,
ein Sonnenstrahl, der sich wie ein Regenbogen in einer Scheibe spiegelt.

Wenn Du wach und offen bist, siehst Du die Zeichen! Bekommst Du deine Antworten, erkennst Du den Weg.

Gedanken zur Kontemplation:
ICH GEBE MIR SELBST ZEIT.
ICH LASSE MEINE ERWARTUNGEN LOS.
ICH LERNE GEDULD.
ICH KANN MICH SELBST LIEBEN (auch im Chaos!).
ICH BEGINNE ZU HEILEN.

Was Du jetzt in Deinem Leben nicht unbedingt brauchst, sind Menschen, die Dich fortwährend kritisieren und herunterziehen wollen und dir damit Deine Energie rauben; die vor Deiner inneren Veränderung, Deiner inneren Arbeit, Deiner Transformation Angst haben und sie ins Lächerliche ziehen möchten. Menschen, die wollen, »daß Du immer dieselbe bleibst!« Mit anderen Worten, Menschen mit zu viel negativer Energie, die selbst nicht imstande sind (meist weil sie nicht wollen), ihre Vorurteile und Ängste loszulassen. Menschen, die in Deinem Verhalten die Schuld für ihr eigenes Unglücklichsein suchen; die Dir »im Namen der Liebe« ihre Ideale, Träume und Erwartungen aufzwingen wollen.

Leider fallen in solch ausgeprägten Phasen der inneren Wiedergeburt manchmal auch sogenannte »Freunde« ab. Das tut zunächst weh, aber die Zeit zeigt die Richtigkeit des Geschehens schnell auf. Wenn Du Dich veränderst, verändert sich alles um Dich herum. Mit neuem Verständnis verwandelt sich Deine Welt. Innen und außen.

Was Du jetzt in Deinem Leben willkommen heißen möchtest, sind Menschen, die Dich in Deinem Vorhaben zu heilen unterstützen, da sie selbst Heilung gefunden haben. Menschen, die Dich in Frieden lassen und Dich Deinen Schmerz ausdrücken lassen: Ohne Dich sofort trösten zu müssen, also ablenken zu wollen. Menschen, die für Dich da sind, präsent, wach, ohne Deinen inneren Prozeß zu manipulieren oder ihn durch ihr »Mitleid« zu beeinträchtigen. Du brauchst niemanden, der mit Dir leidet. Du brauchst jemanden, der mit Dir fühlt! MITGEFÜHL ist eine Brücke. MITLEID ist Arroganz.

Außerdem hilft Dir die Kraft der Natur, frische Luft, Laufen, Bewegung; körperliche Aktivität, die Deine Zellen mit Sauerstoff auflädt, der die alte, verbrauchte Energie aus Deinem System herausschwemmt. Tanzen ist sehr gut! Ebenso längeres Ruhen und Schlafen. Achte auf Deine Eßgewohnheiten. Beobachte Deine Angewohnheiten und Deinen Lebensstil.

Deine innere Balance finden

Man sollte dabei immer beide Pole des Lebens beachten. Um die innere Balance und dadurch spontane innere Heilung zu erfahren, muß unser gesamtes System seinen eigenen Rhythmus wiederfinden, und das kann nur in der Stille geschehen. Du lernst mehr und mehr, Deine innere Ruhe zu fühlen, ohne dabei Deine Gefühle zu unterdrücken. Du lernst auch, Zeiten der inneren und äußeren Unklarheiten mit Humor zu leben. Es ist in Ordnung, auch einmal nicht klar und nicht offen zu sein, denn wahre Offenheit schließt alles ein.

Ganz wichtig bei Deinem Wandlungsprozeß ist deshalb Deine subtile innere Balance. Es hilft ungemein, von nun an in Deinem Leben auf eine gewisse Balance in Dir zu achten und Deinem Nervensystem die rechte Nahrung zu geben, damit Dein gesamter Energiehaushalt reibungslos funktionieren kann und Du die Kraft hast, Deine Heilung zu unterstützen. Du verlierst Deine innere Balance, wenn Du zu Exzessen neigst, ganz gleich welcher Art sie sein mögen.

Ein Liebesjunkie etwa ist wie ein Alkoholiker. Er kommt nicht los. Er hängt fest, weil er sich nicht vorstellen kann loszukommen. Jeder Exzeß wirft Dich aus Deinem Gleichgewicht. Beobachte, welche Situationen dies in Deinem

Leben auslösen. Das ist die beste Übung, Dir darüber bewußt zu werden:

WIE Du Deine Balance verlierst.

WAS Du tust oder nicht tust.

WANN es geschieht.

Beobachte diese inneren Vorgänge mit vollster Aufmerksamkeit. Wenn Du beginnst, Dich selbst kennenzulernen, wirst Du überrascht sein, wie Du innerlich funktionierst.

Die Hinwendung zu Deiner inneren Welt verändert alles. Deine ungeteilte Aufmerksamkeit verstärkt Deine innere Balance. Du hältst Dich ohne Mühe, ohne Anstrengungen im Lot. Ganz von selbst in Deiner eigenen Schwingung lösen sich die Verkrampfungen Deines Körpers und Deines Energiefeldes. Du atmest innerlich auf. Wenn Du dies vergißt, wird Dich Dein eigener Schmerz wieder daran erinnern. Du erkennst, welche Auswirkungen gewisse Dinge in Deinem Leben auf Dich haben. Du wirst Dir bewußt, wie Du Deinen Rhythmus aus dem Gleichgewicht bringst. Dir werden Deine Motive klar. Du beginnst zu sehen, warum Du etwas tust oder willst.

Erwäge immer, was wichtiger ist!

Der Weg der »Mitte«, den auch der Buddhismus lehrt, ist deshalb der Weg der goldenen Mitte, der inneren Balance. Du kannst diesen Weg ebenso in Dir finden, wenn Du verstanden hast, was er bedeutet. Unter anderem bedeutet er wiederum, nicht ins Extrem zu gehen, sondern die Energie zwischen den beiden Polen fließen zu lassen. Dein natürlicher Lebensrhythmus stellt sich dann sehr bald ein.

Die meisten Menschen leiden so sehr, weil sie ihren eigenen Rhythmus verloren haben. Die innere Balance ist gestört, und das wirkt sich auf alle Aspekte ihres Lebens aus. Deshalb ist es von großer Wichtigkeit, diese natürlichen Rhythmusarten zuzulassen. Und wenn Du innerlich in Harmonie lebst, da es zwischen Deinem inneren und Deinem äußeren Lebensausdruck keine Diskrepanz gibt,

Du also nicht mehr von sich widersprechenden Wünschen hin und her gerissen wirst, beginnst Du, Dich selbst zu mögen.

Keine Angst vor Fehlern!

Gib der Angst vor Fehlern keine Energie mehr. Ohne »Fehler« gibt es keinen Lernprozeß. Die Angst vor sogenannten Fehlern lähmt die Lebenskraft, läßt sie stagnieren, macht Dich noch ängstlicher.

Wir dürfen Fehler machen!

In Wirklichkeit gibt es keine Fehler.

Du bist in Deiner Unvollkommenheit vollkommen!

Wer kennt nicht die unsagbare Furcht, einen »schlimmen«, endgültigen Fehler zu machen? Auch diese Angst beginnt sehr früh in unserem Leben, oft mit einem Tintenklecks im Heft. Mit roten Ohren vor Scham. Einem Gefühl wie ein Dolch im Bauch. Angst vor Strafe. Etwas Winziges wird zu einem übermächtigen Dämon. Und deshalb wollen wir alle wissen, wie es weitergeht. Damit wir keine Fehler machen und deshalb auch nichts dazulernen müssen. Ohne den Mut, auch einmal einen Fehler zu machen, geht es nicht.

Aber solange wir nicht lernen, auf unsere innere Stimme und auf unseren Körper zu hören, werden wir immer wieder irgendwelche »Fehler« machen. Wir hören nur allzugern auf andere, die es ja besser wissen müssen als wir. Das haben wir alle sehr gründlich gelernt, nicht auf die eigenen Gefühle, auf die innere Stimme zu hören, die jeder Mensch besitzt. Mühsam finden wir dann erst in späteren Jahren den Weg zu uns selbst zurück. Zermartert von Schmerz und tiefer Hoffnungslosigkeit, fallen wir uns selbst endlich in die Arme. Wo lag der Fehler, der Irrweg? fragen wir uns. Lag er vielleicht darin, daß wir vergaßen, uns an uns selbst zu erinnern?

Wenn wir etwas in unserem Leben nicht so annehmen wollen, wie es ist, dann nennen wir es ein »Problem«. Wenn etwas nicht so kommt, wie wir es wollen, nennen wir es einen »Fehler«. Du hast die Wahl. Du kannst Dich Dein Leben lang über Dinge empören, die Du nicht ändern kannst und damit Deinen Lebensatem verschwenden; oder Du kannst dem Universum eine gewisse Intelligenz zugestehen und Vertrauen entwickeln. Es liegt ganz bei Dir. Du hast die Chance, Deine Fehler zu machen, aus ihnen wirklich zu lernen und – wenn alles gutgeht – sie nicht mehr zu wiederholen. »Fehler« kommt von fehlgehen, also vielleicht nicht ganz bewußt sein in einer Situation, die mehr Wachheit verlangt.

Doch wir sind nicht immer wach, sind uns nicht immer dessen bewußt, was um uns herum geschieht. Wir sind weder Automaten noch Roboter. Alles Lebendige ist unberechenbar. Deine angeblichen Fehler können sich als Deine wichtigsten Wegweiser und Hilfen entpuppen. Laß Dich nicht weiter von Deiner Angst vor einem Fehler lähmen. Es ist besser, einen Fehler zu begehen, als in einem Zustand des ewigen Abwartens, des Aufschiebens und der dahinter meist versteckten Feigheit zu stagnieren.

Die Kunst des Loslassens

Ich habe auch oft um nichts gekämpft, denn das Loslassen lernst Du nicht über Nacht. Es kommt leider oft sehr langsam. Nur sehr allmählich dringt es in Dein Bewußtsein, daß es nichts bringt, das Alte und Tote festzuhalten. Es nimmt Dir den Raum für das Neue. Aber es ist vertraut, bekannt, sicher und selbst in seiner Unsicherheit noch angenehmer als das vollkommen Unbekannte. Besonders in Liebesbeziehungen habe ich manchmal Jahre gebraucht, um mich von meinem ehemaligen Partner innerlich zu lösen. Und obwohl ich wirksame Übungen kenne, die diese Loslösung unterstützen können, unternahm ich nichts, nur um den Schmerz immer wieder mit aller Heftigkeit in mir rasen zu fühlen. Ich ging in ihm auf. Ich verbrannte zu einem Nichts.

Die Leere danach war mir zunächst unheimlich. Sie war dunkel und schwer. Ich konnte mir nichts Schönes, nichts Gutes mehr vorstellen, keinen klaren, positiven Gedanken fassen. Nichts machte Sinn. Alles war leer, ohne Zusammenhang. Gegen meinen menschlichen Willen, der nur noch wie eine erlöschende Fackel mein Dasein berührte, wurde ich zu dieser Leere, war plötzlich ein Teil von ihr. Ich war jenseits von Willen und Tun. Es ging um Ergeben, um ein Eingehen ins Innere, ins Unbekannte. Die Leere war endlos, das Nichts überall.

Nach einiger Zeit des Hängens im luftleeren Raum kam das Licht, das Helle zu mir, die Kraft, die sich in der Leere versteckt hatte. Nach Monaten größten Kummers, in denen ich manchmal kaum das Bett verlassen konnte und kaum mehr lebensfähig war und sein wollte, kam das Licht. Mein Herz wurde langsam leichter, ganz von selbst. Ich tat nichts. Ich sah nur zu …

Nichts hatte sich äußerlich verändert. Nur in mir fühlte sich plötzlich alles anders an. Ich war erlöst. Erlöst von der Sehnsucht, erlöst von meinen Wünschen und Hoffnungen und Erwartungen. Erlöst von der Suche. Erlöst von der Vorstellung, wie die Dinge zu sein hatten, erlöst von mir selbst.

Ich sah plötzlich mit aller Deutlichkeit, wie das krampfhafte Festhalten an Dingen, Situationen und auch Menschen immer wieder denselben Schmerz des Verlassenseins auslöste.

Nimm einen Bleistift oder irgendeinen kleinen Gegenstand zur Hand, den Du gut mit Deinen Fingern halten kannst. Sieh jetzt, wie Du ihn hältst, wie Du ihn mit Deiner Energie festhältst. Genau so halten wir an Dingen und Menschen fest. Mit unserer Energie. Mit aller Kraft.

Jetzt öffne Deine Finger ganz langsam …

Das Öffnen, das Loslassen des Stiftes ist kein Tun. Es geschieht von selbst, wenn Du Deine Finger entspannen läßt. Loslassen ist also kein »Tun«, kann es seiner Natur nach nicht sein.

Probiere es noch einmal. Nimm den Stift in die Hand. Dann erlaube Deinen Fingern, sich völlig zu entspannen.

Der Stift fällt von allein aus Deiner Hand. Du hast nichts getan. Es geschah allein durch die Entspannung der Verkrampfung, des Festhaltens Deiner Finger. Du hast eigentlich auch nicht losgelassen. »ES« ließ los ... Oder besser, Du hieltest nicht mehr fest!

Wie nun können wir dies auf unser Leben übertragen? Wie können wir Menschen loslassen, die wir nicht loslassen wollen? Von einer Liebe, die nie erblühte, die keine Chance hatte, voll und rund zu sein? Wie können wir unser Herz heilen lassen?

Denn nur das Erblühte, das Abgerundete, das Vollendete kann sich lösen, macht sich frei von Zeit und Raum. Nur das Unfertige, das nicht Erblühte, hängt fest. Wie die Blätter des Baumes vor meinem Fenster, die der Frost zu früh erstarren ließ, deren Stengel aber noch im Frühling fest am Stamm kleben. Sie können nicht loslassen, denn ihr natürlicher Zyklus wurde nicht vollendet. Es war nicht ihre Zeit. Wenn wir also etwas wirklich loslassen wollen oder müssen, ist es hilfreich, es zunächst erblühen zu lassen. Der Kreis will sich vollenden können. Wenn dies nicht möglich ist, bleibt uns nichts anderes übrig, als ihn in uns selbst zu vollenden, das heißt den beteiligten Personen und besonders auch uns selbst zu vergeben. Dann kann die Energie wieder frei werden und somit ungehindert fließen, und wir haben die Chance zu heilen.

Aber immer noch beherrsche ich die Kunst des Loslassens nicht vollkommen; ich bin noch immer Schülerin, wenn es darum geht zu lernen, tiefer in den Augenblick zu fallen, anstatt wie wahnsinnig auf der Horizontalen dahinzurasen. Aber ich glaube, daß auch das Loslassen erlernt werden kann, wenn wir erst den Rhythmus der Geschehnisse besser begreifen und erkennen, daß wir uns selbst zerstören, wenn wir an einer Vergangenheit festhalten, die eigentlich vergessen werden will.

In der Leere des Loslassens begegnen wir uns nackt und ohne Maske. Hier löst sich alle menschliche Einsamkeit auf, aller Schmerz, der sich tief in unser ewiges Gesicht gegraben hat. Jede kleinste Freude, jedes Lachen zeigt sich hier in winzigen, lustigen Falten, sichtbar genug, um meine Seele neue Hoffnung schöpfen zu lassen für ihren Flug in die Freiheit.

In der Leere des Loslassens ... SELBST-ERINNERUNG.
In der zunächst furchtbaren Leere ... das LICHT der Erkenntnis!

In der Leere des Loslassens liegt die Erkenntnis, daß ich nicht perfekt sein muß, daß ich selbst das Streben nach einem perfekten »spirituellen Image« hinter mir lassen kann. Denn in der Leere, im unendlichen Raum des Universums, sind alle Menschen gleich. Und sich spirituell mit anderen zu vergleichen und sich höher stellen zu wollen, zu glauben, daß andere in ihrer Entwicklung eben noch nicht so weit sind und deshalb auf sie hinunterzusehen, ist spiritueller Größenwahn, ist engstirnige Lieblosigkeit und eitles Ego.

Ich habe viele ganz einfache, unkomplizierte Menschen getroffen, die nie ihren Heimatort verlassen hatten, sich nie bewußt mit der sogenannten »Spiritualität« beschäftigten, aber einen reineren und klareren Geist besaßen als so mancher Esoteriker, dessen Arroganz das Auffälligste an ihm war.

In der Einfachheit liegt die Schönheit des Lebens versteckt.
Im Loslassen in diese Einfachheit erwächst innere Zufriedenheit.
Deine innere Welt dehnt sich aus ...
Wenn Du zufrieden bist, weil Du Dich mit Dir selbst versöhnt hast, entsteht Wunschlosigkeit. Und in der Wunschlosigkeit empfindest Du Glück, wächst die Liebe in Dir.

Das Loslassen, so furchtbar es sich oft für uns anfühlt, ist in Wirklichkeit der Beginn unserer Freiheit. Du hast noch einmal die Chance, Dein Leben vollkommen neu zu gestalten, wenn Du zulassen kannst, daß das Alte geht; wenn Du Dich wirklich von Deiner Vergangenheit lösen kannst, ohne sie zu verdammen, sondern indem Du ihr dankst und gestattest, sich nicht zu wiederholen. Mit diesem Loslassen wird unendliche Kraft in Dir frei; die festgehaltene Energie wird plötzlich frei für das Neue. Wenn Du wirklich von etwas innerlich freiwillig losgelassen hast, entsteht Klarheit in Dir, eine belebende innere Balance und Wachheit. All dies entspringt der Stärke in Dir, Dich nicht mehr festzuklammern, nichts mehr schützen zu wollen, nichts mehr unbedingt kontrollieren zu müssen; Dich nicht mehr um jeden Preis sicher fühlen zu müssen und Dich nicht mehr vor Dir selbst zu verstecken.

Die Kraft, auch im Alleinsein Du selbst zu sein, setzt enorme Kräfte frei, indem Du Dir erlaubst, die falsche Notwendigkeit äußerer Anerkennung zu durchschauen und statt dessen Deine Einheit und Vollkommenheit in Dir selbst zu erkennen.

Es geht nicht darum, etwas darzustellen, das Dich langsam emotional erwürgt, weil es nicht mit Deinem Wesen übereinstimmt. Alles Künstliche braucht Kraft, um aufrechterhalten zu werden, während das Natürliche sich selbst erhält. Innerer Frieden und Mitgefühl sind zum Beispiel Eigenschaften, die man nicht von außen in sich einpflanzen lassen kann. Sie entspringen ganz spontan dem Bewußtsein eines Geistes, welcher sich selbst und damit seinen eigenen Kräften vertraut und innerlich friedfertig und mitfühlend ist. Sobald Du bereit bist, den wahren Weg Deines Herzens in aller Klarheit und innerer Offenheit für Dich selbst zu finden, bekommst Du Hilfe. Und die Transformation geschieht dann mit der Zeit ganz von selbst.

Deshalb ist es zunächst äußerst hilfreich, sorgfältig zu beobachten, was sich in uns und in unseren Beziehungen wirklich abspielt, welche Rolle wir in der Regel spielen:

Kämpfen wir dauernd um etwas?

Fühlen wir fortwährend einen gewissen unbenennbaren Widerstand gegen etwas?

Lassen wir uns völlig gehen?

Dies sind alles Zeichen dafür, daß wir uns machtlos und als Opfer fühlen.

Oder zensieren wir alles, beurteilen alles sofort, versuchen wir immer, irgendeiner Situation auszuweichen?

Dann wollen wir in Wirklichkeit Macht über etwas erlangen.

Kooperieren wir mit unserem Widerstand und Ärger, mit unserer Trauer und Freude in uns? Haben wir eine kooperative Beziehung mit unserem Körper, unseren Gefühlen, unseren Gedanken und Träumen? Oder sind wir gegen unsere Gefühle, da sie uns unsicher und hilflos machen? Fühlen wir uns zu Logik und rationalem Denken hingezogen, um den Verwirrungen der eigenen Emotionen aus dem Weg zu gehen? Nennt man Dich zu »emotional«, wenn diese Rüstung einmal abfällt?

Wer sind wir, in all den sich widersprechenden Gefühlen, Gedanken und Ängsten? Bleibt etwas übrig, das von all dem unberührt bleibt? Etwas, das all dies nur beobachtet und sich keine Meinung bildet? Wie ein Spiegel, in dem sich alles reflektiert, was vor ihm auftaucht, ohne die vorbeiziehenden Bilder festzuhalten oder sie zu benennen.

Wer ist dieses Wesen,
das alles wahrnimmt, selbst wenn Du schläfst?
Gibt es etwas in Dir,
das jenseits von Zeit und Raum lebendig ist?
Gibt es etwas in Dir, das nur beobachtet?
Etwas, das immer wach ist?

Übung: Wer bin ich, wo stehe ich?

Finde einen ruhigen Platz.
Stelle das Telefon und die Klingel ab.
Das ist DEINE Ruhepause!

Löse alle beengenden Kleidungsstücke.
Lege Deine Uhr und auch alle Schmuckstücke ab.
Lege oder setze Dich bequem hin und halte den Rücken gerade.
Achte darauf, daß Du warm angezogen bist, denn in der Entspannung sinkt der Blutdruck.

Gib Dir die Erlaubnis, mindestens eine halbe Stunde allein und in Ruhe zu verweilen.

Atme jetzt einige Male tief ein und aus ...
Beobachte, wie Dein Atem ganz von selbst
in Dich ein und wieder aus Dir hinausströmt ...

Laß die Gedanken einfach kommen und wieder gehen ...
Halte keinen fest ...
Laß sie kommen und gehen
wie weiße Wolken an einem wunderbaren Sommerhimmel.

DU TUST NICHTS!

Es gibt für Dich und Dein Alltagsbewußtsein
in dieser nächsten halben Stunde nichts zu tun.
Du kannst loslassen ... so tief und so weit Du möchtest.

Die Intervalle zwischen den Gedanken ...
dürfen nun etwas größer werden ...

Du bist vollkommen geborgen,
Du kannst Dich weiter in Dich selbst fallen lassen ...

Gehe nun im Geiste zurück in Deine Kindheit.
In ein Jahr, das für dich besonders wichtig war,
in dem sich viele Dinge in Dir geprägt haben.

Laß die Bilder, die kommen wollen, aufsteigen,
auch wenn sie traurig sind.

Gestatte Deinem Unterbewußtsein,
Dir die Bilder zu zeigen,
die wichtige Schlüssel für Dich sind.

Sieh Dir alles wie Bilder in einem Album an,
ohne Dich damit zu identifizieren.

Du kannst das Bild von außen sehen,
oder auch direkt hineingehen.

Du siehst das Bild,
welches Du Dir von Dir selbst gemacht hast
und an welches Du heute noch glaubst.
Laß auch die Einzelheiten darin deutlich werden.

Wie alt bist Du?
Wer ist bei Dir?
Wer warst Du damals?
Wer bist Du heute?
Wann hattest Du das erste Mal das Gefühl von Scham?
Wer war bei Dir?

Was löste dieses Gefühl in Dir aus?
Was hat diese Person damals zu Dir gesagt?
Wo hast Du das Gefühl in Deinem Körper versteckt?
Wo ist es heute?
Ist es immer noch am selben Ort?
Spüre die Stelle.

Wie begannst Du, über Dich selbst zu denken …
Welche Gedanken, die Du noch heute von Dir hast,
stammen in Wirklichkeit von anderen Menschen?

Vor welchen Gefühlen in Dir hast Du noch heute Angst?
Wie beeinflussen diese Gedanken und Gefühle von damals

Dein heutiges Leben als Erwachsene?
Merke Dir Deine Gedanken und Gefühle.

Wer bist Du in dieser Geschichte?
Nimm all die Eindrücke wahr,
die sich Dir offenbaren wollen.
Nimm sie mit in Dein Wachbewußtsein.

Jetzt kannst Du noch etwas tiefer gehen,
dorthin, wo nichts mehr ist,
keine Gefühle und auch keine Gedanken.

Dorthin, wo Du einfach sein kannst,
in Deiner inneren Stille,
in Deinem inneren Raum der Heilung.

DORTHIN, WO DU BIST!
In diesen Intervallen liegt die Möglichkeit
spontaner Meditation und Stille …

Liegt reines Sein, Dein Da-Sein,
ein tiefes Wissen, eine Erinnerung an Dich selbst,
an Dein SELBST, an das,
WAS DU IN WIRKLICHKEIT BIST!

(Du kannst in diesem Zustand der Tiefenentspannung
bleiben, so lange Du möchtest.)

Atme dann wieder tief in Deinen Bauch hinein.
Beginne, Dich ganz sanft zu strecken.
Erlaube Deinen Augen, sich zu öffnen.
Komm mit Deinem Bewußtsein ganz in Deinen Körper
zurück.

Im Zustand der tiefen Entspannung entspannt sich nicht nur Dein Geist, sondern auch alle körperlichen Organe. Du hast bis in die kleinste Zelle von innerem Streß losgelassen. Dies fördert Dein Wohlbefinden und unterstützt Deine Gesundheit.

Jetzt nimm Dein Tagebuch zur Hand.

Schreibe auf, was Du erfahren hast, ohne es zu zensieren! Dieses Tagebuch ist nur für Dich, kein anderer muß es lesen. Deshalb schreibe so ehrlich, wie Du kannst. Wirklich ganz für Dich, auch um später Entwicklungen nachzuvollziehen und Zusammenhänge zu verstehen. Du kannst auch mit Bleistift schreiben, wenn sich das für Dich besser anfühlt, weniger endgültig. Aber schreibe. Schreibe, als ginge es um Dein Leben! Schreibe, damit der Damm Deiner zurückgehaltenen Emotionen in Dir brechen kann und Du an Deine verborgenen Gedanken und Gefühle über Dich selbst herankommst, damit sie sich auflösen und Du innerlich heilen kannst.

Was immer Du in diesen nächsten Wochen, Monaten und Jahren für Dich selbst tust, tust Du in Wirklichkeit auch für die ganze Menschheit. Vergiß nie, daß ALLES miteinander verbunden ist, von der feinstofflichsten bis zur materiellsten Ebene.

Indem Du heilst, heilt auch ein Teil der Erde!

Indem Du aufwachst, indem Du mehr und mehr bewußt wirst,

indem Du mit Deiner inneren Transformation beginnst, verändert sich Dein ganzes Leben.

Hab' keine Angst davor, Dich Deinen Ängsten zu stellen. Sie lösen sich auf, sobald Du nicht mehr vor ihnen davonläufst. Hab' keine Furcht, ehrlich mit Dir selbst zu sein. Wen willst Du belügen? Bekenne Dich zu Dir. Niemand ist Dir näher, niemand kennt Dich besser, niemand liebt Dich mehr.

DAS ALLERGRÖSSTE GESCHENK AN DICH SELBST BIST DU SELBST!

Zweiter Schritt

Die Kraft der natürlichen Weiblichkeit – Die wahren Aufgaben der Frau, ohne Imitation der Männerwelt und Geschlechterkampf – Selbstwert auch ohne Mann und Kind – Sexualität und Liebe – Sicherheit in der Unsicherheit finden – Übung: Den eigenen inneren Rhythmus wiederfinden.

Die Kraft der natürlichen Weiblichkeit

Die Kraft der natürlichen Weiblichkeit liegt in ihrer Hingabefähigkeit; ihrer Fürsorge und Liebe zum Leben; ihrer Fähigkeit, Leben zu gebären, und in ihrer geistigen Offenheit und Intuition. Sie entspringt dem Irrationalen, dem mysteriösen Aspekt unseres Seins. Sie ist das Mysterium, das Unbekannte selbst und liegt deshalb auch jenseits aller Logik. Sie ist ungebunden, unerklärbar und mit dem Denken nicht zu erfassen. Das ist ihre Freiheit und auch ihre Quelle für Mißverständnis und Leid. Das ist die Quelle der weiblichen Kraft, der Anima, unserer inneren Priesterin und Mystikerin.

Man kann nun endlos darüber spekulieren, warum wir diese wundervollen Kräfte vernachlässigt haben, oder ob es eine »Strafe« des Schicksals war. Karma, weil wir Frauen vor Tausenden von Jahren unseren männlichen Gegenpol vielleicht ebenso mißachtet und mißhandelt haben, wie es uns Frauen oft heute noch widerfährt. Jedoch darüber zu spekulieren ist sinnlos. Wir werden nie genau wissen, warum es so ist, wie es ist. Und selbst wenn wir auf intellektueller Ebene alle Teilchen des Puzzles vor uns liegen hätten, so würde es doch nichts ändern.

Denn nur vom Kopf her zu verstehen, hilft nicht. Wir müssen tiefer graben, uns tiefer fallenlassen in unser Da-Sein. Das Verständnis, das dann erwacht, ist jenseits aller Gedanken. Es entsteht aus einem völlig anderen Kontext, einer viel tieferen Dimension unseres Seins. Dagegen ist unser Denken ein dunkler Kerker, den wir uns selbst erschaffen haben und in dem wir uns seit Jahrtausenden im Kreis drehen.

Statt dessen müssen wir, wenn wir innerlich heilen möchten, die Situation JETZT annehmen, wie sie ist. Aus dem JETZT heraus die Heilung anstreben. Denn dies ist die einzig wirkliche Realität, die wir in diesem Augenblick haben und immer haben werden.

Wenn wir dies einmal wirklich verstanden haben, verändert sich unsere Vorstellung von Zeit. Tausende von Jahren zurückzugehen und genau nachprüfen zu wollen, wie wir in unsere heutige Lage gekommen sind, ist unmöglich. Vergangenheit wie Zukunft existieren nur in unserem Denken, auf unseren äußeren Uhren, nicht aber im Universum. Es geht nur im HIER und JETZT. In der Gegenwart. Die Heilung der beiden Pole in uns muß in der Gegenwart geschehen. Nicht gestern, nicht morgen, sondern JETZT! Ich betone dies so oft, weil es eine ungeheuer wichtige Erkenntnis ist, denn damit hören wir endlich auf, die Dinge aufzuschieben und auf ein Morgen zu hoffen, um die Dinge zu tun, die getan werden müssen.

BESINNE DICH AUF DICH SELBST!

Besinne Dich auf die magische Kraft Deiner natürlichen Weiblichkeit. Was immer das für Dich ganz persönlich bedeutet.

Beginne, die Dinge zu tun, von denen Du geträumt hast, deren Energie Dich anzieht, die Dich seelisch und geistig nähren, auch wenn andere vielleicht dagegen sind, weil sie sie nicht fühlen können oder wollen.

Beginne zu erkennen, daß Dein Leben auf diesem Planeten Deine Chance ist, bewußt zu werden!

Und daß Du dazu einen Partner oder eine Partnerin haben kannst, aber nicht mußt. Sicher ist es wunderbar, einen oder sogar mehrere Menschen zu kennen, die auf der gleichen Welle schwingen. Sie sind oft wie hilfreiche Engel, und Du möchtest sie nicht missen. Ihre Gegenwart ist ein Geschenk. Mit solchen Menschen ist es leichter, Du selbst zu sein, und Du mußt Du selbst sein können, wenn Du erfahren möchtest, wer Du in Wirklichkeit bist.

Viele Frauen haben in der letzten Zeit den männlichen Teil in sich wiederentdeckt und geben ihm nun alle Energie, um sich in einer immer noch weitgehend männlich dominierten Welt endlich gleichwertig zu behaupten. »Da es zu 75% immer noch die sogenannten männlichen Eigenschaften sind, die Frauen sich jetzt einverleiben wollen, haben wir nicht viel Zeit zum Rumspielen. Denn es sind nur etwa 25% weiblicher Eigenschaften, die für Männer neu und von Interesse sind.« So Gloria Steinem, Autorin und bekannte Menschenrechts-Aktivistin, in einem Interview über die heutige Lage der Frauen in der Welt.

Wenn die Frauen nach all diesen oft selbst an sich gestellten Anforderungen zu mir kommen, sind sie lustlos, müde und sowohl geistig als auch körperlich erschöpft. Der Beruf erfordert ihre ganze Kraft. Dann folgt die zweite Schicht daheim. Die Kinder und der Mann warten bereits. Das Essen muß auf den Tisch, die Wäsche gewaschen, das Haus sauber sein.

Sie haben keine Zeit für sich selbst, keine Zeit, neue Kräfte zu schöpfen, keine Zeit, wirklich zu leben. Ihre Weiblichkeit, ihre Gefühle werden vernachlässigt, sind nicht mehr wichtig und kommen nur noch in Depression und Nörgeleien zum Ausdruck. Der innere und äußere Streß wächst, die Spannung steigt, bringt schlaflose Nächte und Kopfschmerzen. Der Körper, dessen Stimme nicht gehört wird, erkrankt. Das innere Gleichgewicht geht verloren. Ich habe viele Fälle erlebt, in denen dieses Muster nahtlos mit dem eines anderen Menschen übereinstimmte.

Da wir immer noch glauben, daß wir die notwendige Aufmerksamkeit, Anerkennung und vor allem Liebe nur von außen erhalten, stolpern wir immer wieder in die selbstgestellte Falle. Wir exponieren uns bis auf die Knochen, bis nichts mehr bleibt, bis wir leer und vollkommen ausgepumpt sind und keine Kraft mehr haben, uns zu besinnen – geschweige denn, unser Leben froh zu leben. Traurigkeit und Lustlosigkeit schleichen sich ein, wir verlieren zusehends Energie. Und bis wir endlich lernen, mit unseren Kräften und Energien umzugehen und nicht länger Raubbau mit ihnen zu treiben, ist viel wertvolle Zeit verstrichen.

Die andere Verhaltensform, die ich bei vielen Frauen beobachtet habe, besteht in der Ablehnung ihrer männlichen Kraft, ihrer maskulinen Seite, die sich dann im äußeren Leben ebenso in den verschiedensten unterschwellig selbstzerstörerischen Formen präsentiert.

Wenn wir eine übersensible, furchtsame, unselbständige innere Frau haben, so suchen wir im Außen fast immer den starken Mann. Dieser soll dann ganz und gar das Bild des inneren Mannes ausfüllen. Er soll uns vor allem schützen, weil wir selbst ja so schwach sind, uns alle Arten von Sicherheit geben und vor allem die heiß ersehnte bedingungslose Geborgenheit und Liebe. Nichts darf fehlen, alles muß perfekt sein.

Durch unsere eigene »Hilfsbedürftigkeit« und verschleierte Feigheit ziehen wir dann auch genau diesen Typ von Mann an, auf den wir alles projizieren, das in uns selbst zu fehlen scheint. Dies ist natürlich eine zu große Belastung für jeden Mann. Da unsere eigene männliche Kraft jedoch in einer solchen Opferphase derweilen brach liegt, oder nur in den allerseltensten Momenten plötzlich herausbricht – vor allem dann, wenn wir uns aus irgendeinem Grund in die Enge getrieben fühlen –, bleiben wir letztlich innerlich abhängig, unerfüllt und emotional auf der Strecke.

Wir betrügen uns selbst, indem wir auf unsere eigene innere Vitalität und Kraft, innere Weisheit und Intelligenz verzichten. Wir haben selten Vertrauen in diese Aspekte unseres Wesens. Unseren immer wieder nach oben drängenden Gefühlen schenken wir ebenfalls kaum Gehör und kastrieren uns auf diese Art noch mehr.

Und wenn wir stark sind, sind wir meist zu stark und unabhängig, so daß wir den Männern eher Angst machen. (In diese Kategorie bin ich auch oft eingestuft worden.) Die sogenannten starken Frauen haben es in dieser Hinsicht schwerer als ihre nach außen hin hilfsbedürftiger scheinenden Schwestern. Ich höre jedenfalls immer wieder, daß Männer gern hilflose Frauen um sich haben, vielleicht auch, weil sie leichter zu manipulieren sind. Der krasse Gegensatz der beiden Energiepole zieht sich natürlich immer am stärksten an.

Meiner Meinung nach ist die Harmonie zwischen diesen beiden Aspekten der männlichen und weiblichen Kraft eine der wichtigsten Voraussetzungen für die innere Heilung. Und Heilung ist immer auch gleichzeitige Transformation. Die innere Balance zwischen Animus und Anima ist lebensnotwendig, wenn wir unsere so lang geübte Opferrolle fallenlassen wollen.

Diese Rolle hat natürlich ihre eigenen Annehmlichkeiten, denn wir fühlen uns für unser Tun nur in den seltensten Fällen verantwortlich. Wir fallen zurück auf die unbewußte Anima, die manipulierende Kraft unserer weiblichen Seite, und lehnen die Kräfte des Animus ab, seine Scharfsicht, seine Logik, seinen Intellekt, seinen emotionslosen Durchblick. Wir haben Angst, unser Leben mit all seinem Potential und in seiner ganzen Fülle zu leben.

Es wäre ideal, wenn wir das scharfe Schwert des Logos mit der Weichheit des intuitiven Eros verbinden könnten! Wenn wir das Rationale ebenso zu benutzen lernten wie das Irrationale. Denn letztlich brauchen wir beide Kräfte in harmonischem Gleichgewicht, um uns wirklich innerlich heil zu fühlen und heil zu sein.

Die wahren Aufgaben der Frau, ohne Imitation der Männerwelt und Geschlechterkampf

Wenn Frauen glauben, in der Imitation der Männerwelt liege ihre Erfüllung, dann irren sie sich gewaltig. Sie verlieren ihre eigene Mitte, werden zunehmend abhängiger vom Lob anderer und verkümmern oft zu sich selbst bemitleidenden, frustrierten Amazonen. Man sieht ihren wahren Wert nicht, weil sie ihn selbst kaum mehr spüren.

Die Frau als Hüterin des Feuers hat den inneren wie äußeren Herd verlassen. Sie hat das Feuer vernachlässigt, so daß der Mann es übernehmen mußte und jetzt auf seine Art damit spielt. Die Atombombe ist sein gefährlichstes Spielzeug! Wenn die Frau nicht wieder lernt, das Feuer zurückzunehmen, dessen Meisterin sie in Wirklichkeit ist, ihre wahre Rolle, als Hüterin und Beschützerin des Feuers wieder einzunehmen, droht uns viel Unheil. Jede Frau weiß für sich, was das Feuer in ihrem Leben symbolisiert.

Die weibliche Kraft ist immer kreativ, intuitiv, vertrauend, offen, schützend und lebenspendend. Zu lange wurde die weibliche Kraft, das Weibliche überhaupt, als zweitrangig eingestuft. Mit dem Denken allein ist dieses Phänomen nicht zu klären. Selbst wenn wir alle historischen Daten – die natürlich ausschließlich aus patriarchalischen Denksystemen stammen, da die Geschichte bisher nur von Männern geschrieben wurde – bis in die fernste Vergangenheit durchkämmen würden, ergäbe sich keine hundertprozentig gültige Erklärung unserer heutigen Lage. Sicher war es eine Entwicklung. Sicher hat die Verdammung des Weiblichen, die Verdammung der natürlichen Sexualität, die Verdammung von Tod und Teufel die Angst vor den übernatürlichen Kräften der Frau geschürt. Natürlich mußte es Eva sein, die von der Schlange verführt wurde, da sie es war, der es nach Weisheit und Erwachen gelüstete! Natürlich mußte deshalb der arme, unschuldige Adam in den sauren Apfel beißen, da er ja die Rolle des Verführten zu spielen hatte.

Diese Lüge hat sich bis heute gehalten und wird seit Jahrtausenden durch verschlagene Politik und Angstmacherei am Leben erhalten. Sie vergiftet, wie damals der Apfel der angeblichen Weisheit, noch immer unser Dasein als Frauen. Millionen von Frauen fanden auf Grund dieser Lüge den Tod.

Wenn die Apfelgeschichte stimmt – was ich sehr bezweifle – geht daraus eindeutig hervor, daß die Frau schon damals mutiger war als der Mann. Leider wurde sie in den folgenden Jahrhunderten durch den »Penis-Mythos« beziehungsweise durch die angebliche Unfähigkeit des Mannes, seinen sexuellen Drang zu beherrschen, nicht nur in den Untergang gedrängt, sondern darf sogar heute in manchen Ländern noch nicht einmal ihr Gesicht zeigen. Denn das wäre für den armen Mann ja viel zu gefährlich!

Seitdem leidet die Menschheit an einer »Schuld«, die der eifersüchtige Gott von damals selbst verursacht hat. Deshalb läßt er sich auch in der alten Form nicht mehr blicken. Lebenslange Schuldgefühle, die auf den Ursprüngen solcher furchtbaren Märchen beruhen, sind nur durch tieferes Verständnis und den Einsatz natürlicher Intelligenz aufzulösen. Deshalb ist es so lebenswichtig, das innere Gleichgewicht zwischen männlicher und weiblicher Kraft wiederzufinden und angstlos leben zu lernen.

Es gilt also, diese weibliche Kraft in uns wieder zum Schwingen und zum Fließen zu bringen und die von außen projizierten Schuldgefühle deutlich zu erkennen und dann abzubauen. Viele Frauen leiden heute unter ihrer übermäßig starken männlichen Seite, anstatt sie als eine wichtige »Hälfte« zu begreifen. Ihre Weiblichkeit hingegen ist oft versteckt, weil sie nicht hoch geschätzt wird und daher kaum ihren rechtmäßigen Ausdruck findet. Echte Hingabe und Vertrauen in die eigene weibliche Seite fehlen; ein gesundes Selbstvertrauen ist daher selten.

Eine gefilmte Studie in verschiedenen Schulen in den USA zeigt eine erschreckende Wahrheit. Selbst bewußtere New-

Age-Lehrer konnten nicht umhin zu bemerken, daß sie völlig unbewußt und damit automatisch ihren weiblichen Schülerinnen viel weniger Aufmerksamkeit schenken als den Jungen! Von den Mädchen wurde von Anfang an die richtige Antwort auf eine gestellte Frage erwartet. Sie bekamen kaum Lob.

Bei den Buben hingegen wurde sofort und viel gelobt, selbst wenn die Antworten nicht total richtig waren! Die Lehrerinnen und Lehrer dieser Studie schenkten den Jungen 80 % ihrer Aufmerksamkeit und Energie in Form von verbalem Lob, Körperhaltung und Blickkontakt. Doch selbst wenn ein Mädchen richtig antwortete, bekam es nur ein Fragment der Energie zurück. Das Gefühl, »es nicht wert zu sein«, stellt sich auf diese Weise bald unweigerlich ein. Mit solch einem Handicap beginnt leider nicht selten unser Leben als Frau.

Deshalb bin ich für getrennte Schulen, damit Jungen und Mädchen ungestört und unbeeinträchtigt von Bedrohungen aller Art, wie etwa Gewalt, ihr Potential entwickeln können. Es gibt bereits einige dieser Schulen in den USA, und sie sind sehr erfolgreich. Besonders in San Francisco, das seit den sechziger Jahren die Hochburg aller bewußtseinserweiternden Lernmethoden ist.

Denn wir brauchen Anerkennung und Liebe genauso sehr wie unsere männlichen Partner. Da wir sie aber auf legalem Weg selten bekommen, denken wir uns Tricks aus, legen uns noch mehr ins Zeug und machen oft die unsäglichsten Anstrengungen, um ebenfalls so angenommen und damit auch so geliebt und respektiert zu werden wie die Männer. Wir müssen durchhalten, alles mitmachen, selbst wenn es uns innerlich zerreißt. Wir wollen und müssen auf allen Ebenen des Lebens reibungslos funktionieren. Das wird von uns erwartet. Doch ohne das nötige positive Feedback beginnt ein innerer Kampf, der nicht selten das ganze Leben lang andauert. Wir haben Zweifel am eigenen Wesen, das aus unerklärlichen Gründen schon ganz früh nicht genug gewürdigt und geliebt wurde.

Eine große Waffe, die ich zum Beispiel perfekt zu nutzen lernte, war makellose Schönheit. Ich war ein außerordentlich hübsches Kind, das sehr früh begriff, wie niedlich es war, wenn es lächelte, und so lächelte ich dann 15 Jahre später immer noch genauso, wenn nicht noch verführerischer, von sieben »Stern«-Titeln und von fast allen deutschen und internationalen Modezeitschriften. Und noch heute werde ich interviewt mit dem Fokus auf meiner Karriere als Topmodel und Schauspielerin, die jetzt über 20 Jahre zurückliegt, anstatt auf meinem neuen Buch, das ich mit Hingabe und Herzblut geschrieben habe.

Noch heute bin ich äußerlich das Produkt meiner damaligen Strategie. Aber mittlerweile kann ich darüber wirklich lächeln, denn die wahre Anerkennung für meine Arbeit und Kreativität kommt nicht mehr nur von außen.

Wir haben sogenannte »männliche Werte«, wie Stärke, Wille, Rationalität und Logik, unseren weiblichen Werten wie Intuition, Gefühl und Hingabefähigkeit übergestülpt und begonnen, sie als »wertvoller« anzusehen, anstatt sie gleichwertig nebeneinander zu stellen und harmonisch zu integrieren.

Die tiefe, innere Verbindung zu Deiner Vision und der Mut, dieser Vision zu folgen, geben Dir die Kraft, unabhängig zu werden vom uralten Glauben an die angeborene »Minderwertigkeit« der Frau. Ob Du es von außen zu spüren bekommst oder nicht, ob es jemand in Worte faßt oder nicht, die unterschwellige Schwingung dieser erbarmungslosen geistigen Degradierung ist noch immer fast überall zu spüren. Es ist schwierig, nicht darauf zu reagieren. Es ist schwierig, dieser unmenschlichen Arroganz immer wieder auf die eine oder andere Art zu begegnen und nicht wütend zu werden oder in ein inneres Loch zu fallen.

Vor einigen Jahren leitete ich mit einem befreundeten Therapeuten einen Kurs in Zürich. Nachdem ich etwa eine Viertelstunde zu der Gruppe über die Kraft des Herzens gesprochen hatte, stand mein Kollege plötzlich auf und begann das, was ich gesagt hatte, in einer seiner Meinung nach verständlicheren Art und Weise zu erklären. Ich schwieg, da ich ihn nicht bloßstellen wollte.

Nach dem Kurs kamen einige Teilnehmerinnen zu mir und erkundigten sich, warum der Herr denn so viele Worte gemacht hätte... Sie hätten es doch von mir sehr klar und deutlich vernommen und auch verstanden.

Je bewußter Du wirst, desto deutlicher siehst Du leider die Diskriminierungen überall. Selbst unter dem salbungsvollen Lächeln Deines Chefs lauert tief drinnen, in dem Kämmerlein, das niemand sehen soll und das niemanden was angeht, die Verdammung und die Angst vor allem Weiblichen. Der seelische Panzer ist dicht. Du bist ausgeschlossen. Dein Wesen ist unwichtig, nur Dein Geschlecht zählt und das, was Du leistest.

Du wirst nicht »ernst« genommen, wenn Du Dich selbst nicht ernst nimmst! Von außen zu erhoffen, was Du Dir nur selbst im Inneren geben kannst, ist absolut sinnlos. Du landest immer wieder bei Dir selbst. Indem Du Dich selbst gut behandelst, zeigst Du der Welt, wie Du behandelt werden willst.

C. G. Jung hat die »Aufnahmefähigkeit« der Frau, die Fähigkeit der weiblichen Kraft zur Hingabe und zu grenzenloser Kreativität sowie ihre Gabe, der Offenheit »Raum zu geben, also kreativen Raum zu schaffen«, als eines der größten Geheimnisse der Anima erkannt.

Dabei hat sich die Frau als göttliche Vermittlerin herauskristallisiert, da sie die natürliche Fähigkeit besitzt, zwischen Bewußtsein und Unterbewußtsein mühelos hin und her zu pendeln. Sie ist die wahre Hüterin des Grals. Sie ist die Priesterin, deren Aufgabe es war, die irdische Welt mit Botschaften aus himmlischen Sphären zu versorgen. Sie war nicht gebunden an Logik, sondern nutzte sie wie ein Schwert. Sie blieb nicht an ihr hängen, wie das männliche Denken, dem alles Unsichtbare unheimlich war. Sie nutzte sie zur Unterscheidung, um die Spreu vom

Weizen zu trennen, denn sobald es um die Welt des Unsichtbaren, des Mysteriums ging, hatte Logik keinen Platz mehr und wurde von Intuition abgelöst.

Diese Stärke der Frau wurde dem männlichen Prinzip auf die Dauer zu gefährlich. Denn derjenige, der mit den unsichtbaren Kräften in Verbindung stand, hatte die wahre Macht. Und so geschah, was vielleicht kommen mußte: eine völlige Abwertung der weiblichen Kraft.

Zu viele Frauen glauben tatsächlich, daß die männliche Kraft der weiblichen »überlegen« ist, und handeln immer noch dementsprechend. Deshalb gibt es Kampf im eigenen Lager, und wir haben nicht die Stärke und Konzentration, die wir brauchen, um gemeinsam an unserer inneren Heilung zu arbeiten. Wir müssen das Bild der Rivalin mit dem Bild der Schwester ersetzen. Denn nur wenn wir selbst die Verantwortung für unser Heil-Werden übernehmen, kann auch die männliche Kraft wieder ins Lot kommen und auch der Mann innerlich heilen. Und nur dann kann es wahren Frieden geben.

Heute inkarnieren sich immer mehr und mehr feminin ausgerichtete Männer. Männer, die begriffen haben, daß sie auch einen weiblichen Teil in sich tragen, und die ebenfalls nach innerer und äußerer Harmonie streben. Männer, die wissen, daß sie ihrer Intuition vertrauen können und sich nicht das Machtgehabe der Machos aneignen müssen, um »männlich« zu sein. Leider werden sie oft von Machofrauen als Softies abgetan. Doch es sind genau diese Männer, die die Welt jetzt braucht.

Dafür schwingt das Pendel für die Frauen auf die männliche Seite, was man an dem Wunsch vieler Frauen ablesen kann, in sehr männliche Berufe, wie etwa den des Soldaten, einzutreten (dies ist besonders hier in den USA auffällig). Meiner Meinung nach ist dies ein Wahnsinn, ein Mißbrauch der weiblichen Kraft. Wir müssen nicht im Schlamm herumrobben, um unser Selbstwertgefühl zu stärken! Wir müssen nicht alles nachmachen, was für einen Mann natürlich ist. Wir sind körperlich anders beschaffen. Wir haben andere Talente und Gaben mitbekommen. Wir können anders sein, ohne uns minderwertig zu fühlen. Denn genau im Unterschied liegt die Anziehung, die gerade wegen dieser unmöglichen »Gleichmachung« immer mehr verloren geht.

Der Eros ist deshalb fast vollständig paralysiert.

Es gibt keine Anziehungskraft mehr. Sex ist nur noch mit einem Plastikpenis denkbar. Und doch suchen wir dann das ganze Leben lang den Seelenpartner, der uns »wiedererkennt« und liebt! Der uns die Aufmerksamkeit schenkt, die wir als Mädchen so lange entbehren mußten. Der uns »heil« macht, weil er bei uns ist.

Ein ideales Bild, das selten der Wirklichkeit entspricht, aber trotz allem wie eine vage mystische Erinnerung eines paradiesischen Zustandes immer wieder aus unserem Unterbewußtsein aufsteigt. Aber da uns Plato mit der Einsicht eines allerersten, halbierten Wesens beschenkt hat, das sich seither durch die Jahrtausende bewegt, immer noch auf der Suche nach der anderen Hälfte, bleibt uns nichts anderes übrig, als seiner Vision zu folgen.

»Eine Königin fiel eines Nachts in einen so tiefen Schlaf, daß sie am nächsten Morgen nicht erwachte. Sie war allein im Wald auf der Jagd gewesen. Sie liebte die wilde Weite der Natur, und sie liebte es, allein zu sein.

Als sie schließlich doch wieder erwachte, wußte sie weder, wo sie sich befand, noch konnte sie sich an ihren Namen erinnern. Ihre Kleidung war vollkommen von Dornen zerrissen, als sie schließlich erschöpft den Rand des Waldes erreichte. In einem kleinen Dorf fand sie jedoch Nahrung und Unterkunft bei hilfreichen Menschen. Sie wurde die Magd des Hauses. Die Königin putzte nun die Böden, bis sie glänzten. Doch jedes Mal, wenn sie in den Spiegel sah und sich an sich selbst erinnern wollte, verschwand ihr Bild... Der Spiegel war leer. So verging eine lange, lange Zeit, und sie wurde von Tag zu Tag trauriger.

Eines Tages ritt der König durch dieses Dorf, immer

noch auf der Suche nach seiner verschwundenen Frau. Er selbst sah inzwischen auch nicht mehr wie ein König aus. Er war alt geworden, müde und vergrämt, seine königliche Kleidung war verschlissen. Doch als er die Magd erblickte, begann sein Herz schneller zu schlagen. Er erkannte in ihr seine verlorengegangene, geliebte Frau. Trotz der schmutzigen Kleidung hatte ihre Gestalt etwas Königliches, etwas Liebliches. Er stieg vom Pferd und nahm sie in die Arme. In diesem Augenblick erwachten die Königin und auch der König zu einem neuen Leben.«

Wenn der Animus seine Königin, seine Anima, wiedererkennt, erwachen beide zu neuem Leben; erwachen beide zu ihrem vollen Potential als Liebende, als Beschützer des Lebens, als König und Königin des Universums.

Diese kleine Geschichte soll uns zur Erinnerung dienen. Und sie bedeutet nicht, daß es immer den geliebten Animus, den Mann braucht, um zu erwachen. Doch eine der tiefsten Wunden, die wir Frauen in uns herumtragen, besteht darin, vom männlichen Prinzip nicht »erkannt«, nicht anerkannt zu werden als das, was wir in Wirklichkeit sind, nämlich seine Königin.

Doch auf einer ganz tiefen Ebene wissen wir, können wir uns erinnern ...

Es ist wie eine Fata Morgana, so real für unsere inneren Augen und doch so unendlich weit entfernt ...

Die Erinnerung an unsere »andere Hälfte«. Das Wesen, welches die meisten von uns suchen, mit dessen Geist wir eins sind, ist untergründig immer präsent, doch in der äußeren Realität selten wirklich lebbar, da wir selbst die leiseste Möglichkeit einer solch subtilen Verbindung oft bereits zu Anfang mit unseren Erwartungen zerstören.

Selbstwert auch ohne Mann und Kind

Leider fühlen wir uns als Frauen ohne Mann selten »GANZ«, besonders in jungen Jahren. Es fehlt ein Teil, ein ganz wichtiger Teil. Es fehlt die Aufgabe der Familie. Wenn ich mich nicht fortpflanze, bin ich deshalb »weniger« wert? Oder ist es möglich, auch ohne Mann und Kind den inneren Selbstwert zu behalten? Ich denke schon.

Ich kenne eine Menge Frauen, die sich selbst lieben lernten und die Aufmerksamkeit und Liebe nicht von einem Partner oder einer eigenen Familie abhängig machten. Es war harte Arbeit, aber es lohnte sich allemal, so versicherten sie mir. Und eines wurde ganz offensichtlich klar, obwohl es anfangs weh tat: Die Erfüllung des Lebens hängt nicht von Mann und Kind ab. Sie liegt allein bei Dir. In Deiner Fähigkeit, Du selbst zu sein, Dein Leben zu leben, ganz gleich, wie es sich gestalten mag. Ob wir einen Partner haben, mit dem wir in Wonne verschmelzen können, ob wir im Alleinsein unser Glück finden oder in der Gemeinschaft – eines ist sicher: Je mehr Du lernst, auf Dich selbst, auf Dein Wesen zu hören, desto froher wird Dein Leben sein. Ganz gleich, in welcher sozialen Stellung Du Dich befindest.

Selbstwert kommt aus dem Inneren und nicht aus dem Äußeren, wie es uns fälschlich gelehrt wurde. Sicher bläht sich das Ego auf, wenn es von außen mit Bonbons, mit Energie und Lob gefüttert wird. Doch Vorsicht! Der Dich lobt und in den Himmel hebt, stößt Dich auch wieder vom Sockel!

Wenn Du Deinen Selbstwert immer noch vollkommen vom Außen abhängig machst, halte inne. Besinne Dich auf die Vergänglichkeit aller Dinge … Erkenne, daß Du wie eine Marionette an den Worten, Meinungen und Vorurteilen der anderen hängst … Wie jede Ablehnung Deiner Person unsagbare und unerklärliche Ängste auslösen kann. Wie Du plötzlich nichts mehr bist, wenn die anderen den Blick, sprich ihre Energie und Kraft, von Dir abwenden. Wie Du plötzlich selbst zu glauben beginnst, daß Du deshalb wirklich nichts wert sein kannst …

Doch es gibt immer wieder Zeiten, da bist Du allein.

Und je weniger Aufmerksamkeit Du von außen bekommst, desto weniger spürst Du Dich selbst. Für das Ego ist das oft wie ein gewaltiger Schock, es erscheint ihm wie ein kleiner Tod ... Doch für Dein wahres Wesen ist es eine Chance der Befreiung. Denn je weniger Du in Deinem Ego lebst, desto lebendiger wird Dein Wesen, Dein wahres Selbst in Dir, sobald Du Dir über die Unwirklichkeit dieses »Schocks« klar geworden bist.

Dein Wesen ist heil, ist vollkommen in sich selbst, braucht keinen äußeren Partner, um sich selbst zu bestätigen, obwohl es ein kostbares Geschenk ist, einen echten Partner oder eine wirkliche Partnerin zu haben, deren Anliegen es ist, Dir von Herzen bei Deiner Selbstfindung beizustehen und Dein spirituelles Wachstum, Dein Erwachen über alles zu stellen.

Eine Konsequenz Deines inneren Erwachens mag es sein, daß Du Deine Umgebung oder sogar Deinen Beruf wechseln mußt. Es kommt ganz darauf an, was Dir in diesem Moment wichtig ist. Du selbst, Dein Herz, Deine Liebe, Dein Frohsinn, Deine Familie – oder die Wünsche Deines Egos, die sowieso NIE befriedigt werden können. Es kommt sehr darauf an, welche Lebensaufgabe Du Dir in dieser Existenz gewählt hast. Ob Du als Ehefrau und Mutter innere Befriedigung findest, ob Du eine Karriere brauchst, oder ob Du ein freierer, ungebundener Geist bist, der wenig äußere Sicherheit benötigt, der nicht seßhaft sein will und dessen innerer und äußerer Wert nicht von anderen Menschen bestimmt wird.

Ganz gleich, welchen Weg Du gewählt hast, gehe ihn mit erhobenem Haupt und mit offenem Herzen!

Wenn Du Mutter bist, dann sei ganz Mutter. Vernachlässige nicht Dein Kind, weil Du glaubst, auf allen Bällen tanzen zu müssen. Kinder brauchen Deine volle Zuwendung! Sie brauchen Deine ungeteilte Liebe und Aufmerksamkeit. Du mußt für sie psychisch und physisch da sein. Wenn Du das nicht kannst, ist es unverantwortlich und egoistisch, Kinder in die Welt zu setzen. Sei Dir von Anfang an klar darüber, welch große, verantwortungsvolle Aufgabe es ist, Mutter zu sein.

Es ist auffallend, wie viele Frauen heute ohne Mann leben und auch auf Kinder verzichten. Doch wenn ich ihre Geschichten höre, so schwingt oft etwas Wehmut mit... und das ist ganz natürlich. Auch wenn im Äußeren alles stimmt, ist es doch nur allzu menschlich, sich einen Partner zu wünschen, mit dem man sein Leben teilen kann. Weil es der lebendige Energieaustausch ist, der die Energie erzeugt und die Kraft in Fluß hält. Es ist zudem erwiesen, daß Paare – besonders wenn sie glücklich miteinander sind, gesünder sind und länger leben.

Es ist aber inzwischen auch erwiesen, daß mehr Frauen als Männer die Scheidung einreichen und daß Ehen für Männer »gesünder« sind als für Frauen. 95 Prozent der mißhandelten Personen, die in den USA wegen schwerer Verletzungen in die Notaufnahme der Krankenhäuser eingeliefert werden, sind Frauen. Fast die Hälfte von ihnen ist im eigenen Heim, vom eigenen Mann oft aufs Schwerste mißhandelt worden.

Diese neue Statistik muß uns zu denken geben. Warum bleiben diese Frauen bei ihren gewalttätigen Männern, die meist drogen- oder alkoholabhängig sind? Weil selbst ein solcher Mann noch besser ist als gar keiner? Weil sie Liebe seit ihrer Kindheit mit Gewalt verwechseln, und weil sie leider oft selbst behaupten, daß Schlagen ein Beweis von Liebe ist!

Männer leiden stärker unter dem Alleinsein als Frauen. Und obwohl sie es sich vielleicht nicht immer eingestehen möchten, zumindest in einem bestimmten Alter, sind Familienbande für sie ebenso wichtig wie für Frauen. Ein Mann, der sich ins Alleinsein flüchtet, weil er Angst hat, wieder mißbraucht und dadurch verletzt zu werden, leidet mehr als eine Frau. Er hat ohne die Frau keinen Boden unter den Füßen. Die Frau erdet den Mann und umgekehrt.

Aber eine Frau kann im allgemeinen mit ihrem Alleinsein besser umgehen. Vielleicht ist einer der Gründe auch der, daß eine Frau gebären kann; sie kann Leben in sich wachsen lassen, sie ist die Trägerin des Wunderbaren. Sie ist von Natur aus kreativ. Der Mann hingegen gibt zwar von seiner Essenz, gibt den Samen, ohne den kein Leben möglich wäre, aber im Dunkel des Mutterleibes geschieht das Wunder. Und auch wenn eine Frau nicht schwanger geht, weiß sie, daß sie fähig ist, Leben zu gebären.

Sexualität und Liebe

Wir alle wollen geliebt werden! Ohne Konditionen, so wie wir sind. Liebe ist die Kraft in uns, die unser Leben mit Licht und Freude erfüllt. Sie läßt unser Herz kräftiger schlagen. Sie durchpulst unser ganzes Wesen, unseren ganzen Körper. Sie verändert unsere innere und äußere Welt. Alles ist lichter und heller. Wir sind furchtlos und mutig.

Liebe können wir aber leider nicht »erzeugen«. Es ist eine Kraft, die in uns aufsteigt, die plötzlich da ist, ohne daß wir etwas dazu getan haben. Sie ist der Funke des Wiedererkennens zwischen zwei Seelen. Sie ist das Verlangen, sich mit einem Menschen innerlich zu verbinden und neues Leben zu zeugen. Sie ist der Funke einer Energie, die wir nicht kontrollieren können. Wir können sie nur in uns selbst mehr und mehr spüren, sie zuerst in uns selbst finden und dann nach außen strömen lassen.

Deshalb halte ich es für so wichtig, daß Leben in Liebe gegeben wird und nicht aus Unachtsamkeit. Denn Sexualität allein muß nicht immer Liebe beinhalten. Im Idealfall tut sie es zwar, aber gerade wir Frauen haben es schwer zu glauben, daß reine Sexualität oft keine Liebe in sich trägt. Damit will ich Sexualität in keiner Weise abwerten. Doch Liebeskraft kreist nur dann in beiden Partnern, wenn ihre Energien wirklich verschmelzen und eins werden. Sich so tief fallen zu lassen in den anderen, setzt Liebe und Vertrauen voraus. Und dann verändert sich auch der Sex vollkommen. In diesem Augenblick wird der Körper selbst zum Vehikel der Liebe, und sein Rhythmus wird zu einer Umarmung beider Seelen. Du »verschmilzt« mit dem Energiekörper des Partners, ein ekstatisches Gefühl der Auflösung erfaßt Dich.

Der Körper hat die wundervolle Fähigkeit, sich im Orgasmus von allen Spannungen zu entladen. Vom spirituellen Standpunkt aus sollte selbst ein bloßer »Entladungsakt« ebenso Freude machen und respektvoll erfühlt werden wie das Erzeugen eines Kindes. Wenn wir den Körper des Partners oder der Partnerin berühren, so berühren wir einen Tempel Gottes. Unabhängig davon, ob wir ein Kind zeugen oder nicht.

Die Sexualität ist ein Tor.

Sie ist ein Tor in der Unendlichkeit, und sie kann auch zu einem Tor zu Gott werden. Unsere verhärteten, selbst errichteten inneren Abgrenzungen und Mauern fallen. Sie schmelzen dahin, wenn wir uns hingeben, eins werden mit der Kraft, für die es keinen Namen gibt. Es ist diese Kraft, vor der sich die Menschheit mehr fürchtet als vor der Atombombe. Die sie deshalb so unsinnigerweise zu zähmen, abzuwürgen, abzulehnen versucht und mit dem Namen der Sünde belegt.

Wenn die sexuelle Energie jedoch auf längere Zeit nicht fließen kann und keinen anderen kreativen Ausdruck findet, besteht die Möglichkeit der Depression und Krankheit, wie Adler dies bereits vor einigen Jahrzehnten betont hat. Wir Menschen sind keine Einzelwesen. Wir brauchen einander. Der Energiekreis muß sich bewegen. Alles, was stagniert, schmerzt, beginnt abzusterben. Wir alle wollen lieben! Wir wollen diese Kraft in uns zum Erwachen bringen, nur wissen wir oft nicht wie.

Für mich waren Mitgefühl und Dankbarkeit immer ein Weg, mich an mich selbst zu erinnern und die Kraft der Liebe aus mir fließen zu lassen. Offenheit und Verletzlichkeit ermunterten mich, näher hinzusehen, die Kraft der

Liebe selbst im kleinsten Tautropfen schimmern zu sehen. Auch wenn ich keinen Partner hatte, mit dem ich dieses wundervolle Gefühl teilen konnte.

In der heutigen Zeit haben viele Menschen keinen Partner. Sie haben gar keine Zeit dafür. Der ungeheuere Streß der Arbeitswelt ist seit den siebziger Jahren dermaßen angestiegen, daß heute selbst schon die Dreißigjährigen immer häufiger unter Impotenz leiden und deshalb zu künstlichen Befriedigungsmitteln wie etwa Gummipuppen greifen. Auf diese Weise kann natürlich keine Energie fließen, sondern ist nur Abreaktion möglich. Dieser Trend ist leider steigend, da die Menschen glauben, immer mehr arbeiten zu müssen, um all die Luxusgüter zu finanzieren, ohne die das Leben nicht mehr lebenswert erscheint. Und damit schließt sich ein Teufelskreis.

Man hat keine Zeit mehr für guten, langsamen Sex und für sinnliche Liebe. Es muß alles schnell gehen, denn die Zeit und das Leben laufen davon, rinnen uns durch die Finger, ohne daß wir eine Form von Befriedigung spüren. Es ist daher nicht verwunderlich, daß immer stärkere Stimulans gefragt ist, weil wir nicht mehr wissen, wie wir uns hingeben und uns öffnen können, da wir uns die dafür notwendige Zeit nicht nehmen. Deshalb ist in der Hoffnung, doch noch ein wenig von der Ekstase zu erhaschen, die es ja in den Billionen von Körperzellen irgendwo ganz versteckt noch geben muß, der Andrang auf Tantra so groß.

Es ist völlig verrückt zu beobachten, wie immer mehr Bücher und »How To Do«-Videos über Sex auf dem Markt erscheinen, nur um uns das Natürlichste der Welt vor Augen zu führen und uns zu zeigen, »wie es geht«. Natürlich ist es gut, wenn Männer lernen, wie man eine Frau berührt. Wenn sie lernen, auch zärtlich zu sein. Doch letztlich wirken alle diese Anleitungen dem tiefen Wunsch nach Auflösung und wahrer Liebe entgegen. Anstatt sich in die Energie des Liebespartners fallen zu lassen und sich gegenseitig ganz instinktiv zu erspüren, ziehen an unserem inneren Auge Anleitungen zum Liebemachen vorüber. Das Resultat ist jedem Menschen klar. Es findet keine echte Berührung statt. Eine Phantasie löst die nächste ab, so wie beim Cybersex auch alles nur visuell über das Gehirn abläuft. Natürlich findet Sex auch im Gehirn statt; dort liegt der Auslöser für Sexualität. Deshalb sind Orgasmen des Nachts im Traum, ohne Stimulation eines Partners, sowohl Frauen als auch Männern nicht unbekannt.

Sex auf der Astralebene, wie ich es nenne, hat Zukunft, da das äußere Leben oft so unlebbar und liebesfeindlich geworden ist, daß der Rückzug in die eigene Psyche der einzige Ausweg scheint. Der Körper schafft sich, was er braucht. Auch das Loslassen von Streß auf sexueller Ebene, ohne Partner, ohne Partnerin. Unser Körper ist tatsächlich zu allem fähig, auch wenn die meisten von uns glauben, daß dieses Wunderwerk eben nur der Körper ist und keine eigene Intelligenz besitzt. Die Wahrheit ist weit davon entfernt. Der Körper ist ein geheimnisvoller Mechanismus; er ist das göttliche Vehikel unserer Seele, unseres Wesens. Er ist das feinste, unglaublichste Instrument, das man sich ausdenken kann, und allein dieses Instrument beweist, daß es eine Schöpferkraft geben muß!

Ich halte die zunehmende Verrohung der Menschheit, auch auf sexueller Ebene, für eine der fatalsten Entwicklungen, die wir unserer so gepriesenen Technowelt entgegenhalten müssen. Kino und Fernsehen spiegeln uns heute eine derartige Brutalität einer künstlichen Realität wider, daß es nicht ohne Folgen bleiben wird. Die Generationen, die noch ohne diesen Einfluß aufwachsen durften, hatten Glück, denn er entfernt uns immer mehr von uns selbst, bis wir innerlich an einen Punkt kommen, an dem wir weder ein noch aus wissen. Und das betrifft die junge Generation leider am stärksten.

Außerdem fehlen uns gute Vorbilder, da wir spirituelle Führung durch die Reife und Weisheit des Alters ablehnen und diese Qualitäten im Menschen fast jeder Autorität beraubt haben. Ein alter Mensch, auch wenn er noch so weise ist, gilt nichts, ist nichts wert. Nur die Jugend zählt! Wir haben Respekt und Ehrfurcht vor dem Alter vergessen, und damit ging uns etwas unsagbar Wertvolles verloren.

> »Und so, sagt der rote Mann, wird sich der weiße Mann
> eines Tages selbst zerstören.
> Indem er die Weisheit des Alters nicht anerkennt,
> kann sich der Kreis nicht schließen,
> und das Medizinrad zerbricht.«

Wir sind nicht mehr weit davon entfernt.

Besonders in Amerika ist der Jugendtrend deutlichst spürbar. Wenn Du nicht mehr jung bist und Dich weigerst, Dir die Falten aus dem Gesicht ätzen zu lassen, gehörst du schnell zum alten Eisen. Dies ist für mich eine der dümmsten und herzlosesten Entwicklungen der heutigen Zeit. Eine Frau darf nicht Frau sein, darf nicht reifen, darf sich nicht runden und verändern. Sie muß in ihrer Figur und am besten auch gleich in ihrer ganzen Haltung und inneren Entwicklung ein Teenager bleiben. Jede Rundung ist verpönt. Du mußt aussehen wie ein Stecken, um überhaupt noch das Interesse eines Mannes zu erwecken.

Was ist das für ein Mann, frage ich mich, der nur mit einer Kindfrau etwas anfangen kann? Bei dem Brüste so winzig wie möglich sein müssen und jede Falte Unbehagen erweckt? Für den Unreife die größte Anziehungskraft besitzt und nicht Reife und innere Harmonie?

Tausende von Teenagern hungern sich zu Tote, weil sie in den Zeitschriften die ausgemergelten und oft auch drogensüchtigen Körper der heutigen Supermodels bewundern und ihnen nacheifern müssen, weil es keine anderen Vorbilder gibt. Die Gefährdung der jungen Mädchen ist riesengroß. Die Modewelt kreiert Jahr um Jahr eine künstliche Welt, in der Millionen von Frauen untergehen werden, wenn sie nicht begreifen, daß sie oft recht pervertierten Geistern ihr hart verdientes Geld in den Rachen schieben. Und was bekommen sie dafür?

Ein praktisches Beispiel: Groß im Kommen sind auch wieder einmal die Stilettos, also Schuhe mit enorm hohen Absätzen. Wenn der Fuß einer Frau den Boden nicht berührt, verliert sie nicht nur an äußerer, sondern auch an innerer Erdung! Sie bleibt regelrecht unterentwickelt, weil sich der Körper nicht richtig erden kann, da sie ihm keine volle Berührung mit dem Erdboden erlaubt.

Da es aber modischer, viel schicker und aufreizender ist, statt flacher Schuhe solche mit hohen Absätzen zu tragen, schwankt sie hilflos über das Trottoir und hat weder äußeren noch inneren Halt, nur um bewundernde männliche Blicke für diese selbsterwählte Hilflosigkeit und Qual zu erheischen. Sie kann weder laufen noch rennen. Künstlich eingezwängt in das neueste Produkt eines krankhaften Gehirns irgendwo in Paris oder London, macht sie sich selbst willig zum Opfer einer Mode, die den Frauen buchstäblich den Boden unter den Füßen wegzieht!

Mich packt bei einem solchen Anblick die nackte Verzweiflung. Denn ich weiß, wie wichtig diese Jahre sind, die Dich formen, die Dir das Gefühl eines Selbstwerts geben oder Dich zu einer ewigen Plastikpuppe machen können. Wie willst Du Dein Gleichgewicht finden, wenn Du nicht lernst, gut zu Deinem Körper zu sein? Dein Rückgrat leidet unter dieser Prozedur Höllenqualen, Deine Sehnen in den Beinen verkürzen sich mit den Jahren, die Schmerzen im unteren Rücken beginnen spätestens mit Dreißig.

Um die Frau ganz bewußt zu verkrüppeln, band man ihnen in China die Füße zu einem winzigen Nichts zusammen. So konnten sie nur herumhobbeln, aber niemals richtig laufen, und wurden auf diese grausame Art über die Jahrhunderte zu dem gemacht, was sie noch heute sind. Es war elegant und weiblich, solch kaputte Füße zu haben. Nur die armen Bauersfrauen auf dem Land entgingen diesen Qualen. Sie waren nicht gut genug, um sich verkrüppeln zu lassen. Gott sei Dank!

Aber wir brauchen gar nicht so weit zu schauen. Auch

hier bei uns, Jahrhunderte später, findet heute in den eleganten Einkaufsstraßen der Weltmetropolen dasselbe furchtbare Schauspiel statt. Und es liegt an uns, an den Frauen und Müttern dieser Welt, die Gefahren aufzuzeigen und diesem Horror ein Ende zu bereiten. Aber wie den jungen Mädchen die Gefahren aufzeigen, wenn sie ganz natürlich und nichtsahnend auf der Suche nach ihrem einmaligen Prinzen sind ...

Sicherheit in der Unsicherheit finden

Die Frau trägt heute eine ungeheuere Verantwortung auf ihren Schultern. Sie trägt die Welt auf ihren Schultern.

Und gerade deshalb muß sie wieder lernen, GUT ZU SICH SELBST ZU SEIN! Ihren eigenen Rhythmus, ihre eigene innere Stärke wiederzufinden und anzunehmen.

Und dies führt uns zurück zu unserem ganz individuellen, einmaligen Lebensrhythmus. Es wird Dir nichts anderes übrigbleiben, als endlich nach DEINEM Platz zu suchen, an dem Du innere und äußere Wurzeln fassen kannst und der Dir helfen wird, Deinen Rhythmus, Dein inneres Gleichgewicht wiederzufinden. Du mußt Dich auf einen solchen Ort, ob er nun Dein innerer Ort der Kraft ist oder ein äußerer Platz, wirklich einlassen. Kannst nicht eilen, sondern mußt Dir die Zeit geben, den Samen in seinem eigenen Rhythmus aufbrechen, wachsen und zur Blüte heranreifen zu lassen. Und dazu ist Geduld nötig.

Es geht um ein allmähliches, inneres Langsamerwerden ...
Um ein Ausklinken aus der Hektik.
Um einen Prozeß des Erlaubens,
des Vertrauens, des Geschehenlassens,
ohne einzugreifen!

Es geht um eine innere Bewegung, die sehr subtil ist und mit der Du allmählich Deine innere Balance wiederfindest. Und je langsamer Du innerlich wirst, je mehr Du Deine Gedanken weiterziehen lassen kannst, nicht an ihnen festhältst oder sie zu analysieren beginnst, desto schneller glätten sich die Wellen des Sees, bis Du so still geworden bist, daß Du bis auf den Grund sehen kannst.

Wenn wir unsere innere Kraft wiedergewinnen wollen, müssen wir aufwachen aus diesem Traum, den wir im Augenblick noch Leben nennen, und müssen unsere wahre Stellung als Frauen in der Welt wieder einnehmen. Aufwachen aus dem Dornröschenschlaf, auch wenn es unangenehm ist, weil sich die Träume im Wachbewußtsein auflösen. Aber oft bleibt Dir nichts anderes übrig, als allein zu erwachen und somit in der absoluten Unsicherheit eine neue Art von Sicherheit zu entdecken. Im Fließenden das Feste und umgekehrt...

Vom Verstand her können wir begreifen, daß es nichts im Leben gibt, das keine Veränderung erfährt. Alles verwandelt sich ständig. Alles ist in Bewegung... Nichts ist fest. Einschließlich uns selbst. In dieser Bewegung Ruhe und Geborgenheit zu finden, ist ein menschlicher Wunsch. Uns sicher und geborgen zu fühlen ist wichtig, denn sonst können wir nicht lieben.

Sich in der Bewegung des Loslassens sicher zu fühlen, ist eine Kunst, die geübt werden will und viel Bewußtsein benötigt. Sich immer wieder daran zu erinnern, daß nichts bleibt, wie es ist, und wir uns deshalb auch an nichts zu lange festhalten sollten, hilft uns, auch wenn es weh tut. Immer wieder wirst Du so auf Dich zurückgeworfen. Es ist hilfreich herauszufinden, wieviel »Sicherheit« in materieller Form Du wirklich brauchst, um Dich geborgen zu fühlen. Du magst überrascht sein, wenn Du diesen Gedanken wirklich untersuchst. Vielleicht brauchst Du viel weniger, als Du angenommen hast.

Die Freiheit, die Du damit gewinnst, kann Dir mehr Zeit für Dich selbst geben, anstatt Dich von Deiner Art vor dem Abgrund der »Leere«, des »Nicht-Habens«, überwältigen zu lassen. Es ist immer ein Balanceakt. Doch je besser Du Dich selbst kennenlernst, je mehr Du Dich auf Dich selbst einläßt, desto tiefer wirst Du erfahren, was für Dich gut ist und wie und womit Du leben willst. Ob Du im Alleinsein besser erblühen und wirklich Du selbst sein kannst oder in der Gemeinschaft, der Familie und Ehe. Die eine Frau sehnt sich nach Familie und tut alles, um diesen Traum zu verwirklichen. Die Familie soll oft auch dazu dienen, die Unsicherheit und Angst vor dem Alleinsein zu verstecken, dem Leben einen »richtigen«, einen von der Gesellschaft anerkannten Sinn zu geben. Die andere Frau sucht nach Ausdruck ihrer künstlerischen Begabung. Sie will frei sein, sich nicht binden und lieber auch mit emotionaler Unsicherheit leben lernen. Sie ist oft die einsame Rebellin, die ihr Bedürfnis nach Gemeinsamkeit ihrer eigenen Lebenskunst geopfert hat.

Nur wir selbst können erspüren, was für uns stimmt und wie wir am liebsten leben wollen. Wir glauben oft etwas über uns selbst, was gar nicht zutrifft, nur weil es andere unablässig wiederholt haben. Unterscheiden zu lernen, was Du bist und was nicht, braucht Zeit. Nimm Dir die Zeit! Finde heraus, welchen Ausdruck Deine Lebenskraft finden möchte. Es gilt deshalb, auf Deine inneren Fragen zu achten, die sich ständig wiederholen. Die nicht weggehen wollen, die immer wiederkehren, die nach Aufmerksamkeit schreien. Sie sind Wegweiser auf Deinem Pfad. Sie zeigen Dir, WAS nach Heilung verlangt. Selbst wenn Du diese Wegweiser verdrängst, bleibt die Verantwortung, Deine Wunden heilen zu lassen. Denn sonst gibst Du diese Wunden beispielsweise auch an Deine Kinder weiter.

Werde Dir Deiner Fragen und ungeheilten Wunden bewußt!

Denn nur was bewußt ist, was ans Licht kommt, kann auch heilen. Dein Bewußtsein führt Dich so auf den richtigen Pfad, der eigentlich kein Pfad ist, sondern eine organische Bewegung, ein ganz natürlicher Rhythmus des Lebens. Dann lebst Du wieder harmonisch in der Schwingung Deiner inneren Balance; dann fühlst Du wieder echte, tiefe Freude in Dir aufsteigen, ohne Grund, einfach so aus dem Nichts, aus dem reinen Sein Deiner eigenen Lebenskraft geboren.

Dann ist Liebe immer ein Geschenk! Dann bist Du in Frieden, ob allein oder mit Menschen. Dein inneres Gleichgewicht ist die Voraussetzung für Deine Heilung. Ohne sie lebst Du weiter in Zerrissenheit. Ohne sie bekommst Du keinen klaren Fokus in Deinem Leben.

Laß deshalb die Wellen des Sees ruhig werden …

Im Wandel das Unwandelbare zu finden, darin liegt der Schlüssel.

Übung: Den eigenen inneren Rhythmus wiederfinden

Suche Dir einen bequemen Platz und lege oder setze Dich so hin, daß Du ungestört und ruhig für mindestens eine halbe Stunde so bleiben kannst.

Atme wieder einige Male tiefer durch und erlaube dann Deinen Augen, sich von selbst zu schließen.

Dein Bauch ist entspannt und hebt und senkt sich
mit jedem Atemzug, der ganz von selbst in Dich einströmt
und wieder ausströmt …

Wenn Gedanken im Inneren aufsteigen,
halte sie nicht fest …
Laß sie weiterziehen … werte nicht.

Dein Körper hat jetzt die Gelegenheit,
sich noch einmal ganz tief zu entspannen …
Dabei gibt es nichts für Dich zu tun.
Du erlaubst Dir nur loszulassen …
und dieses Loslassen immer mehr zu genießen.

Und während Du immer noch Deinen Atem beobachtest,
der mühelos und leicht in Dich ein-
und wieder aus Dir herausströmt,

beginnst Du vielleicht die Harmonie
dieser wellenförmigen Bewegung in Dir
wahrzunehmen und Dich dabei
noch etwas tiefer fallen zu lassen …
Noch tiefer, hinein in die wohlige Geborgenheit in Dir selbst.

Wenn Du willst, kannst Du auf dieser weichen,
rhythmischen Welle Deines Atems
jetzt innerlich mitschwingen …
Wie auf einer Schaukel, damals, an einem frohen,
unbeschwerten Tag Deiner Kindheit.

Bitte nun Dein Unterbewußtsein um ein Gefühl
oder ein Zeichen, ein Symbol Deines inneren Rhythmus.
Eine bestimmte Situation,
in der Deine Energie ganz frei fließen konnte
und Du Dich deshalb wunderbar fühltest.

Laß Dich ganz tief in dieses Gefühl Deines inneren
Rhythmus, Deiner eigenen Schwingung fallen …
Spüre sie in Deinem ganzen Körper.
Laß Dich von ihr tragen …
Verschmelze mit ihr …

Jede Faser Deines Wesens
kann sich jetzt an diesen Augenblick erinnern …
Jede Zelle vibriert harmonisch.

Es gibt keine Eile.
Nur den endlosen Augenblick der Gegenwart,
in dem Du verweilen kannst,
so lange Du willst …

Laß Dein Bewußtsein jetzt noch weiter werden
und andere Situationen offenbaren,
die für Dich eine Hilfe sein können.

Erlaube Dir,
Dich an andere Augenblicke zu erinnern,
in der Deine Lebenskraft frei und ungehindert
fließen durfte,
und spüre, wie es sich anfühlte,
Deinem eigenen Lebensrhythmus zu folgen,
eins zu sein mit Deiner eigenen Schwingung!
Eins zu sein, in Harmonie mit Dir selbst.

Erinnere Dich an das Gefühl in Deinem Körper.
Werde zu diesem Gefühl …

Geh' mit dieser Schwingung …
Erlaube diesem wonnevollen Gefühl,
sich in Deinem ganzen Körper auszudehnen,
es überall zu spüren.
Wie eine warme, weiche Strömung …
in wundervoller Harmonie.

Wenn Du willst, kannst Du, so lange Du möchtest, in diesem Zustand verweilen, während sich Dein Körper weiter tief entspannt und wieder mit neuer Kraft auflädt.

Es ist gut, diese Übung so oft wie möglich zu wiederholen, damit Du erneut einen Geschmack für das Gefühl bekommst, in Deinem Körper Deiner eigenen Schwingung zu folgen, in Deinem eigenen Rhythmus zu leben und herauszufinden, wie sich Deine Schwingung anfühlt, was Dein wahrer Rhythmus ist.

Dein Körper hat die Fähigkeit, sich zu »erinnern«.

Er wird Dir zur gegebenen Zeit Zeichen senden, die Dir helfen werden, Deinen ursprünglichen und ganz persönlichen Rhythmus wieder zuzulassen, indem er Dich immer dann daran erinnert, wenn Du Deine innere Balance verlierst.

Vielleicht hast Du jetzt die klare Einsicht, wie wichtig es für alle Aspekte Deines Lebens ist, Deinem eigenen Rhythmus treu zu bleiben und Dich nicht fortwährend von den geschäftigen Gedanken und Plänen anderer einspannen und überfluten zu lassen.

Vielleicht siehst Du jetzt zum ersten Mal ganz deutlich, wie Du Deine Lebenskraft in künstliche Bahnen lenkst, auf Ziele hin, die letztlich unwichtig sind und sogar selbstzerstörerisch sein können, weil sie Dich weder zufrieden noch glücklich machen.

Vielleicht wirst Du weniger in der materiellen Welt besitzen, wenn Du Deinem eigenen inneren Rhythmus folgst, aber innerlich um so reicher sein, weil Du in Harmonie und Frieden lebst.

Was immer es auch ist, laß es geschehen, indem Du Deinem inneren Rhythmus folgst und damit dem Fluß und der Schwingung Deiner eigenen Lebenskraft treu bleibst.

Manchmal reicht es, in der eigenen Gegenwart zu erwachen, um das wahre Paradies wiederzuentdecken.

Laß Dich ein auf Dich selbst!

Dritter Schritt

Manifestation beginnt im Denken – Ich schaffe meine eigene Welt! – Jenseits von Tradition und Todesstarre – Der Mut, eine neue Realität zu schaffen – Heilung erlauben – Das Ende des Perfektionismus. – Übung: Reise zur Lebensquelle

Manifestation beginnt im Denken

Mein Meister erzählte vor vielen Jahren in einem seiner täglichen Vorträge eine wunderbar plastische Geschichte:

»Es gibt zwei Wege, auf denen man durchs Leben schreiten kann. Der erste ist: Du sitzt in einer Mülltonne, umgeben von Unrat und Abfall, und glaubst, daß Du erst jedes Stückchen Müll identifizieren und verstehen mußt, bevor Du aus der Tonne herauskommst.

Beim zweiten Weg sitzt Du zwar auch in der Tonne mit Unrat, aber Du verschwendest nicht Deine Zeit damit, den ganzen Unrat durchzusehen und zu versuchen, ihn zu identifizieren und zu verstehen. Du springst einfach aus der Tonne und bist frei!«

Das bedeutet, Du läßt Deine Vergangenheit los, OHNE sie total zu verstehen! Wenn Du darauf wartest, sie durch und durch zu begreifen, vergeht damit Dein Leben. Dann lebst Du nur in Deiner Vergangenheit und bist nie wirklich »da«. Nicht greifbar in der Gegenwart, sondern sprichwörtlich »in Gedanken verloren ...«

Wenn diese Gedanken nun ständig Negatives senden, wird sich nach einer Weile genau das manifestieren. Sobald Du Dir bewußt wirst, wie negativ Du oft denkst, hast Du die Chance, aus diesem Alptraum zu erwachen. Es ist keine leichte, aber eine wunderbar hilfreiche Bewußtseinsübung, sich immer dann an sich selbst zu erinnern, wenn man wieder mal »schwere« Gedanken wälzt. Das kann als exzellenter Weckruf dienen. Vor allem auch dann, wenn ein hoffentlich liebevoller Partner ab und zu das Signal dazu gibt. Einen solchen »Wecker« im Leben zu haben, ist von allergrößtem Vorteil. Ein echter Meister ist auch nichts anderes.

Denken hat große Macht, bewußt und unbewußt. Wir hypnotisieren uns tagtäglich mit Gedanken aus einer fiktiven Vergangenheit. Diese Gedankenabläufe funktionieren wie alte Musikkassetten in Deinem Gehirn, die Du irgendwann einmal eingelegt und dann vergessen hast und die nun endlos weiterspielen. Sobald Du das erkennst und Dich erinnerst, wird es möglich, diese Kassetten herausnehmen. Du mußt sie nicht bis in alle Ewigkeit weiterspielen lassen und Dir damit Dein Leben verderben. Deshalb ist es ganz wichtig zu wissen:

WAS IMMER DU DIR VORSTELLEN KANNST, HAT DIE KRAFT, SICH ZU MANIFESTIEREN!

Das heißt nicht, daß es nicht auch Dinge gibt, an die Du nie gedacht hast und die dennoch aus irgendeinem Grund Realität werden. Aber eines ist sicher: Der Bereich Deines Lebens, zu dem Deine Kraft fließt, wächst! Bekommt Nahrung, weitet sich aus, wird lebendig und manifestiert sich als eine neue Realität in Deiner inneren wie auch in Deiner äußeren Welt.

Wenn Du also Deine Zeit damit verbringst (wie auch ich es viele Jahre tun mußte, bevor ich den Mechanismus begriff), Dich in negativen, selbstkritischen, depressiven Gedanken und Launen zu aalen, wird es Dir nicht gut gehen. Ganz gleich, ob diese Gedanken andere betreffen oder nur Dich selbst, die Energie ist dieselbe. Sie zieht Dich nach unten, bringt Dich aus dem Gleichgewicht, macht Dein Herz schwer.

Besonders die Momente vor dem Einschlafen und unmittelbar nach dem Aufwachen sind gut dafür geeignet, diese automatischen Gedankenabläufe zu beobachten. Meist wachst Du mit denselben Gedanken auf, mit denen Du zu Bett gegangen bist. Deshalb wird der frühe Morgen wie auch die Zeit vor dem Schlafengehen für Meditation besonders empfohlen. Denn in dieser Zeit »programmierst« Du Dich neu.

Mein Problem war immer eine tiefe Traurigkeit, die seit meiner Kindheit immer wieder auftauchte und sich schmerzhaft in mir manifestierte. Wenn ich traurig einschlief, wachte ich auch regelmäßig traurig wieder auf. Diese Trauer bewegte sich um einen »Verlust«, an den ich mich nicht erinnern konnte. Sie saß mir ganz tief in den Knochen. Ich vermute sogar, daß sie nicht unbedingt aus der Vergangenheit dieses Lebens stammte, sondern aus einer anderen Inkarnation, da ich trotz vieler schmerzlicher Verluste in diesem Leben keine befriedigende Erklärung für sie finde.

Heute begleitet sie mich zwar auch noch, aber ich stoße sie nicht mehr fort. Im Gegenteil. Ich habe gelernt, ihre Energien zu nutzen und für mich das Beste daraus zu machen. Ich nutze sie zum Schreiben von Geschichten und Gedichten. Ich nutze sie, um tiefer in mich zu schauen und um immer wieder neue Perspektiven zu finden. Sie hilft mir jetzt sogar dabei, mich weder zu sehr in Erfolg noch in Mißerfolg zu verlieren, da sie mich immer wieder auf den Gegenpol aufmerksam macht. Sie ist zu einer Kraft geworden, die ich nicht missen möchte. Ihr Geschenk an mich ist heute die Bereitschaft zur seelischen und geistigen Tiefe und ein offeneres, mitfühlenderes Herz.

Ich schaffe meine eigene Welt!

Du kreierst Deine eigene Welt durch die Art, wie Du sie siehst.

Und nur Du siehst sie so, denn es ist Deine ganz persönliche, innere Welt. Und wie Du sie siehst, hängt ganz allein von Deinem Bewußtsein und Deinen Konditionierungen ab. Deshalb ist es so wichtig herauszufinden, was von Dir kommt und was nicht. Welche Ideen anderer Menschen Deine eigene Wahrheit überdecken. An was Du heute glaubst, nur weil Du es oft genug gehört hast. Wiederholung prägt sich immer ein, selbst wenn die Botschaften falsch sind.

Die Dinge, die Dir wichtig sind, prägen Deine Art zu denken und damit Dein Leben.

Wenn Du zum Beispiel nur in der anstrengenden Karriere einer erfolgreichen Bankdirektorin, Produzentin oder Managerin Dein Glück siehst, dann mußt Du auch die schwierigen Seiten solch eines Berufes in Kauf nehmen. Du mußt in Kauf nehmen, keine Zeit mehr für Dich selbst zu haben. Du mußt akzeptieren, daß Dein Leben hauptsächlich anderen gehört, daß Du nach der Uhr leben wirst und nicht nach Deinem Gefühl. Daß Du lächeln mußt, obwohl Dir zum Weinen ist. Daß Du Dein Image um jeden Preis aufrechthalten mußt, damit die Angst, von Jüngeren ausgebootet zu werden, nicht überhandnimmt.

Aber wenn es Deiner Kreativität entspricht und Du diese Art von Streß aushalten kannst und ihn vielleicht sogar brauchst, um Dich wirklich lebendig zu fühlen, dann laß Dich von diesem Weg nicht abbringen. Doch Erfolg und Reichtum haben ihren Preis. Und zwar einen sehr hohen, das muß Dir vorher klar sein. Nur die allerwenigsten Menschen kommen ungeschoren davon.

Wenn du aber Zweifel hast, dann frag Dich ganz ehrlich, ob Du so einen hohen Preis wirklich zahlen willst, ob Erfolg wirklich den Preis Deiner Freiheit wert ist. Was kannst Du mit diesem Geld letztlich kaufen? Nichts, was Deine Seele oder Dein Herz wirklich nährt. Es mag Dir zwar dabei helfen, Deinen irdischen Weg etwas leichter zu gehen, doch andererseits scheint sich oft die Angst vor dem Verlust des Reichtums proportional zu seiner Größe zu steigern. Geld verschafft Dir zwar materielle Sicherheit, Luxus, eine gewisse Macht und vielleicht sogar Respekt, aber es hat nicht die Kraft, Dich glücklich zu machen. Vergiß das nie! Im besten Fall gewinnst Du eine Art innerer Befriedigung, wenn Du Deinen Reichtum dazu benutzt, anderen zu helfen, die in Not sind.

Der einzige Weg, der Dich innerlich wirklich nährt, ist der Weg des Herzens!

Und wie der aussieht, liegt vollkommen bei Dir.

Dabei kannst Du so kreativ sein, wie Du willst, und ganz Deinen Gefühlen folgen, ganz ins Irrationale, ins Intuitive gehen. Vollkommen Dein Herz sprechen lassen. Dein volles Herz, Dein ganzes Herz, denn alles, was Du halbherzig tust, wird Dich nur unglücklich machen.

Laß Dich nicht von Überlebensangst in Deiner Kreativität bremsen!

Bleibe bei keiner Arbeitsstelle, die Dich langsam aber sicher innerlich abtötet.

Hab den Mut, sie zu verlassen, trotz aller Angst!

Arbeite nicht für Menschen, deren Gier Dich aussaugt wie Blutegel.

Beginne aufzuschreiben, was Du WIRKLICH gern tust!

Ohne es gleich zu bewerten oder zu verdrängen, und auch ohne Deine Moralvorstellungen ins Bild zu bringen. Sondern schreib auf, was Du wirklich möchtest, was Dein Herz und Deine Energie bewegt.

Was Dir Freude macht.

Was Du gut kannst.

Worin Du Dich gut findest.

Womit Du Zufriedenheit verspürst.

Womit Du innerlich still wirst.

Was Dir Ruhe gibt.

Schreibe es auf. Denn genau an dieser Stelle liegt neue Lebenskraft für Dich bereit. Du wirst vielleicht feststellen, daß Deine Energie »im Fluß« ist, wenn es Dir gut geht und Du nicht an ein Gestern oder Morgen denkst. Wenn Du ganz hier bist, in der Gegenwart, im Augenblick. Wenn Du weder über Konsequenzen nachdenkst, noch Ängste oder andere Probleme dabei wälzt.

Denn wenn Dir etwas Freude bereitet,
bist Du in der Gegenwart.
Du bist im HIER und JETZT und nicht im Kopf.
Du bist mit Deinem ganzen Herzen voll dabei.
Und alles, was Du halbherzig tust,
macht Dich nur unglücklich!

Die Vergangenheit ist zwar Deine Lehrerin, aber nicht Deine Zukunft. Löse Dich innerlich von Vorstellungen, wie sich weibliche Kraft auszudrücken hat. Erkenne deutlich die Begrenzungen, die Deine eigenen Gedanken Dir schaffen. Distanziere Dich. Befreie Dich von ihnen, indem Du sie nicht mehr automatisch in den Mittelpunkt stellst. Indem Du erkennst, welche wichtig sind und welche nicht. Welche Dir nutzen und welche Dir schaden. Gedanken können zwar nicht angehalten werden, aber Du kannst lernen, Dich von ihnen zu distanzieren. Dich nicht fortwährend mit ihnen zu identifizieren. Aber nur dann, wenn Du mit Sicherheit weißt, daß Du nicht Deine Gedanken bist! Meditation und regelmäßige, tiefe Entspannung helfen dabei, diese Tatsache zu erkennen.

Die wahre Lösung liegt jenseits allen Denkens.
Liegt im Mut, im Jetzt zu beginnen.
Im Möglichen des Unmöglichen.

Mein Anliegen war es seit jeher, das Unmögliche zu wagen. Ich tat dies, indem ich mir vorstellte, daß fast alles möglich war, wenn ich nur fest genug daran glaubte. Als ich 1960 das erste Mal von Berchtesgaden nach München kam, um an der Wahl des Schwabinchens teilzunehmen, war ich überzeugt, daß ich gewinnen würde. Ich hatte weder Make-up noch Schuhe. Ich lief barfuß, in meinen alten Blue Jeans und einem dunkelgrünen, weiten Pulli über den Laufsteg. Mit langen, dunkelblonden Haaren und trotz aller Scheu einem siegesgewissen Lachen im Gesicht.

Ich wurde Zweite. Helga Lehner bekam den ersten Preis, denn sie sah wirklich Schwabinchen, dem weiblichen Idol Schwabings, das in jenen Jahren in den Münchner Zeitungen regelmäßig zu sehen war, am ähnlichsten. Nach meinem großen Erfolg – denn so empfand ich es, obwohl die versprochenen Preise, wie eine Reise in die USA, nie eintrafen – wußte ich, daß ich berühmt werden konnte, wenn ich dies wollte.

ICH KONNTE ES MIR VORSTELLEN!

Obwohl ich auch Hemmungen und Angst hatte. Nach vier Jahren Buchbinderei in einem winzigen Ort in den Bergen Bayerns und nach jahrelangem Üben vor dem Spiegel war es soweit. Meine Mutter zog mit mir nach Frankfurt, um mir eine berufliche Chance zu geben. Bald zog ich von zu Hause aus und wurde berühmt. Ich selbst war immer restlos von meinem Talent überzeugt gewesen. Was andere konnten, konnte ich erst recht! Meine ganze Kraft, mein gesamter Überlebenswille konzentrierte sich auf meine Karriere, obwohl ich im Grunde keine wirkliche Karrierefrau war. Vor allen Dingen wollte ich reisen, andere Länder und Menschen kennenlernen.

Zwischen den Fototerminen las ich Krishnamurti, Schwedenborg, das tibetanische Totenbuch und praktizierte Yoga. Ich war gerade 22. Mein ganzer Lebenswille und Ehrgeiz waren auf ein einziges Ziel gerichtet: unabhängig zu sein und damit frei. Geld bedeutete für mich schon damals immer nur Freiheit.

Es ist deshalb ganz wichtig für Frauen von heute, in jedem Fall ihre finanzielle Unabhängigkeit anzustreben, obwohl ein liebevoller Partner in manchen Fällen gut der Sorgetragende sein kann. Es bleibt jedoch eine delikate Angelegenheit. Denn eine Portion Freiheit, wirklich Du selbst zu sein, mag dadurch eingebüßt werden, wenn der

Partner nicht WIRKLICH frei von sich aus gibt, sondern ein unbewußtes Tauschgeschäft im Sinn hat. Dies mag ihm oder ihr gar nicht bewußt sein. Deshalb ist es gut, die Kraft nicht an unnötigen Luxus zu vergeuden, sondern bewußt zu sein und zu sehen, was wirklich nötig ist, damit Du Dich wohl fühlst und Deine Freiheit behältst.

Ohne Konditionen geben zu können, ist eine Gnade, die nicht jedem Menschen gegeben ist. Ich habe es bis jetzt noch nicht ganz geschafft, das Annehmen zu lernen, ohne die Furcht zu empfinden, dabei Freiheit einzubüßen. Ich gebe gern, habe manchmal deshalb auch Erwartungen, aber bin nicht enttäuscht, wenn nichts passiert. Doch fällt es mir wesentlich schwerer, etwas anzunehmen, obwohl ich mir manchmal wünsche, dies ohne Rückhalt tun zu können. Meist ist es aber so, daß ich immer sofort etwas zurückgeben muß, damit ich nicht in die Verlegenheit komme, jemandem, der ja vielleicht etwas von mir erwartet – schließlich projiziere ich meine eigenen Erwartungen auf ihn –, etwas schuldig zu bleiben. Ich sehe die Vernetzung der sich widersprechenden Gefühle und Gedankenformen in mir zwar ziemlich genau, bin mir aber noch nicht ganz im klaren, wie sie zu lösen sind. Doch ich bemühe mich immer wieder darum, inzwischen auch mit einigem Erfolg.

Jenseits von Tradition und Todesstarre

Das Fallenlassen der erstarrten Rolle der Frau begann eigentlich erst in diesem Jahrhundert und hat noch nicht die Fortschritte gebracht, die erhofft wurden. Doch weltweit definieren sich immer mehr Frauen neu, verbünden sich, teilen sich einander stärker mit. Noch vieles liegt im Dunkeln und hinter Schleiern versteckt, aber das Feuer ist entfacht. Wir haben unsere Sünden »abgebüßt«. Die Schlange hat ihren Biß verloren. Es müssen keine neuen Ammenmärchen über die gefährliche Verführungskraft der weiblichen Energie erfunden werden. Es ist Zeit, aufzustehen und die gedanklichen Ketten, ob aus Eisen oder Gold, abzuschütteln. Denn nur dann ist Erwachen möglich. Nur dann entsteht eine NEUE REALITÄT.

Wir müssen lernen, für uns selbst einzustehen, uns mit anderen Frauen zu verbünden. Nicht gegen den äußeren Mann oder gegen den Animus in uns, sondern für uns selbst. Für unsere Zukunft als Frauen im nächsten Jahrhundert.

Die 4. Weltkonferenz 1995 für Frauen in China hat nicht die Resultate gebracht, die sich viele mutige Frauen erhofft hatten. Noch immer wird durch Korruption und Unterdrückung den Frauen global der Hahn zugedreht, werden Frauen in fast allen Berufen unterbezahlt, ihre Arbeit nicht gleichwertig geschätzt.

1,5 Billionen Dollar schuldet die Weltbank den Frauen weltweit durch Unterbezahlung! 80% der Kriegsopfer sind Frauen und Kinder. Aber sie haben kein Recht, sich gegen die Kriege der Männer zu wehren. Kanonenfutter für die nächsten Kriege zu gebären, ist die Aufgabe der Frauen in islamischen Ländern. In hinduistischen sowie buddhistisch geprägten Ländern herrscht der Glaube vor, daß eine Frau nur in einem männlichen Körper erleuchtet werden und somit nur als Mann Befreiung erlangen kann. Aber besonders im Berufsleben werden Frauen immer noch nicht gleich behandelt. Selbst der Verdienst spiegelt noch die alte Idee der Minderwertigkeit wider. Es braucht ungeheure Kraft und Mut, sich aufrecht hinzustellen und der Welt zu verkünden, was Dir Deine Arbeitszeit wert ist. Für welchen Preis Du Deine Lebenskraft und Zeit verkaufen willst!

Das Erwachen im Leben eines jeden Menschen ist eine ganz persönliche, subjektive Erfahrung. Keiner kann Dir die Arbeit abnehmen. Uns weiter hinter Rollen der Abhängigkeit zu verstecken, die uns langsam aber sicher dahinsiechen lassen, ist heute keine Lösung mehr. Der Preis der

»Dazugehörigkeit« ist inzwischen zu hoch. Er kostet uns meist buchstäblich das eigene Leben.

In unserer oft selbst gewählten Isolation dringt kein Lichtstrahl mehr in unsere Seele, berührt keine Wärme mehr unser Herz. Es liegt jetzt an Dir, die Türen zu öffnen, auch wenn sie ins Unbekannte führen. Es liegt an Dir, die Verantwortung für Deine eigene Befreiung zu übernehmen, auch wenn sich dadurch Deine Lebensumstände verändern werden. Denn der Pfad der sogenannten »Selbstlosigkeit« und Selbstaufgabe ist ein Irrweg. Selbstwert kann nicht durch Selbstaufgabe entstehen. Du mußt lernen, Dir selbst zu vertrauen und Dich selbst zu respektieren, wenn Du Deine spirituelle Integrität bewahren möchtest. Und nur wenn Du Dich als Ganzes fühlst, nicht innerlich geteilt und hin und her gerissen, wirst Du spüren, daß alles eins ist und Du ein wichtiger Teil des Ganzen bist.

Was wir für diese Erkenntnis aufgeben müssen, sind unsere negativen Gedanken über uns selbst und andere, unsere geistigen Selbstverstümmelungen, die in den verschiedensten Formen und Verschleierungen auftreten können. Auch müssen wir alle Definitionen unseres Selbst, die von außen an uns herangetragen werden, fallenlassen. Wir müssen unseren Glauben an unsere konditionierte Weise des Sehens aufgeben, der uns immer nur nach Rettung durch die Außenwelt Ausschau halten läßt. Wir müssen endlich aufhören, uns selbst abzulehnen, indem wir uns an Idealvorstellungen klammern, und uns gestatten, unser wahres Selbst als freie Menschen, als vollwertige Frauen ohne innere Spaltung zu verkörpern. Was wir am allermeisten aufgeben müssen, sind die Mythen und Fiktionen, die unseren Glauben an die eigene Minderwertigkeit und Unvollkommenheit aufrechterhalten. Durch dieses »Aufgeben« werden wir wachsen.

Wir werden damit frei, auf die Stimme der inneren Mystikerin zu lauschen, auf ihr ewiges Lied von einer natürlichen, inneren Freiheit und Vollkommenheit. Wir werden damit angehalten, auf uns selbst zu hören und unseren eigenen Weg zu gehen. Nichts anderes ist befriedigend. Wir beginnen darauf zu vertrauen, daß alles, was wir für diese Transformation brauchen, in uns liegt und in diesem Augenblick vorhanden ist.

Die transformierende Kraft der Liebe zu Dir selbst sprengt alle Fesseln. Es ist deshalb nie zu spät, das eigene Leben, die eigene Wahrheit zu finden und zu leben. Eine neue Realität, ein bewußteres Dasein wartet bereits am Horizont, doch müssen wir zuerst zu der natürlichen Kraft unserer Weiblichkeit zurückfinden. Was immer dies für jede Frau individuell bedeutet. Du weißt selbst am besten, wie Du Deine innere Kraft wiederfinden kannst.

Das Zulassen der Vision einer neuen Realität bringt immer große Umwälzungen mit sich, damit muß man sich abfinden. Es wird viele gewollte und auch ungewollte Wogen geben, durch die Du Dich mit derselben Geschicklichkeit und Gelöstheit bewegen kannst wie durch die Wogen Deiner Träume… Verzichte nicht auf Dein Leben, nur weil Du Angst vor den Unbequemlichkeiten hast, die eine größere Freiheit mit sich bringt!

Es ist auch an der Zeit, die Kraft Deiner heilenden Tränen wiederzuentdecken. Es begegnen mir so viele Frauen, die zum Teil seit Jahrzehnten nicht mehr geweint haben. Sie sind wie vertrocknet, versteinert, zugemauert, ohne Zugang zu ihrem Allerheiligsten, Ihrem Herzen. Tränen haben eine magische Heilungskraft, was auch wissenschaftlich jetzt endlich anerkannt und belegt ist. Sie haben die Kraft, die Schleusen der Anstauungen, der verdrängten Gefühle, der Schmerzen, zu öffnen. Sie heilen dabei unser Herz und unsere Seele. Wenn Tränen wieder frei fließen können, auch ohne ersichtlichen Grund, einfach so, wie eine Befreiung unseres Selbst, fließt auch die gesamte Lebenskraft stärker, freier und ohne Blockaden durch unser ganzes Wesen. Das innere Loslassen des

Schmerzes wird durch den Fluß der Tränen unterstützt. Tränen schwemmen die alte, verbrauchte Energie aus uns heraus.

Sie sind immer ein Geschenk.

Es ist wichtig, daß Du Deine Tränen wiederfindest, und ihnen erlaubst, frei zu fließen. Sie sind genauso wichtig wie Dein Lachen!

TRÄNEN SIND HEILUNG.

Sie reinigen und stärken Deine inneren Augen.

Sie klären Deinen Blick.

Sie erweitern Deine Sicht.

Sie erweitern Deinen Fokus …

Sie trennen das Wichtige vom Unwichtigen.

Erst wenn ein Mensch wieder weinen und damit auch wieder richtig lachen kann, beginnt er zu heilen.

Doch bevor Du Deine Tränen wiederfindest, entdeckst du höchstwahrscheinlich erst einmal Deine Wut. Und das ist gut so. Denn hier, in der nicht ausgedrückten Energie der Wut, sind Deine Tränen erstarrt. Doch es kann auch genau umgekehrt sein, nämlich daß hinter Deinen Tränen Deine Wut versteckt ist; daß Du so viel weinst, weil Du in Wirklichkeit wütend bist, das aber in Deiner Umgebung nicht ausdrücken kannst. Wie auch immer, das eine wird das andere unausweichlich auslösen. Darauf solltest Du geistig vorbereitet sein.

Ich kenne die Angst vor dem inneren Vulkan sehr gut und auch die Angst vor dem Verrücktwerden. Beides sind Teile unseres Schattens, der uns so königlich in die Irre führen kann. Es ist von größter Hilfe, wenn Du einen sicheren Platz finden kannst, um Deine Wut auszudrücken. Das muß nicht ins Extreme gehen. Wenn Du wirklich losläßt, spürst du genau, wann es genug ist.

Wichtig dabei ist, daß Du ganz bei Dir bleibst und nicht die Umwelt für Deine Wut verantwortlich machst, obwohl sie sie immer wieder durch bestimmte Situationen auslöst. Das ist nicht leicht. Wenn Du seit Deiner Kindheit gelernt hast, Dich immer hinten anzustellen, wie Deine Mutter es ihr ganzes Leben lang getan hat, brauchst Du Dich nicht zu wundern, daß Du tief drinnen wütend bist. Wütend auf Dich selbst und damit auf die ganze Welt. Vor allem dann, wenn wir schon von Haus aus gewohnt sind, im anderen die Schuld für unsere Gefühle zu suchen. Wir dürfen ruhig davon ausgehen, daß wir alles, was wir im Äußeren ablehnen, innerlich bereits abgelehnt haben. Die Welt ist tatsächlich Dein Spiegel.

Keiner ist verantwortlich für das, was du fühlst!

Wir werden nur immer von ganz bestimmten Menschen und Situationen auf unsere inneren Verletzungen gestoßen und somit schmerzlich an die Wunden erinnert, die wir bereits geheilt glaubten. Solche Menschen mögen Dir zwar als Feinde erscheinen, können aber tatsächlich eine große Hilfe sein, wenn Du ihr Wirken nicht zu persönlich nimmst, sondern lieber registrierst, was genau an ihren Worten, ihrer Gestik oder Mimik diese verwirrenden Gefühle ausgelöst hat. Es ist deshalb ganz wichtig zu erkennen, was die Auslöser sind.

Beginne ab heute, all die Begebenheiten und Situationen in Dein Tagebuch einzutragen, die sich immer wieder schmerzhaft zu wiederholen scheinen. Mit welchen Menschen oder in welcher Situation ist es am schwersten für Dich, in Deinem Zentrum zu bleiben? Beginne diese Vorgänge aufmerksam zu beobachten. Du mußt nicht darauf reagieren. Es ist sogar besser, wenn Du nicht unbedingt reagieren mußt, denn es geht mehr darum aufzupassen, WAS in Deinem Inneren geschieht.

Welche Gedanken begleiten den Vorgang?
Welche Gefühle kommen hoch?
Wie fühlt sich Dein Körper an?
Möchtest Du weglaufen oder losschlagen?
Lenke Dein Bewußtsein auf Deinen Körper.
Spüre Deinen Bauch.

Achte auf Deinen Atem.

Wenn Du bewußt bleibst, kannst Du deinen Atem ruhiger werden lassen. Atme ganz tief in Deinen Bauch hinunter. Erlaube Dir, Deine Gefühle zu spüren... Du mußt nicht werten, nicht urteilen, sondern es einfach nur SEIN LASSEN! Dir keine Meinung bilden, keine Worte benutzen, sondern die Energiemuster Deiner Gefühle und der damit einhergehenden Gedanken sehen.

Sobald Du Dir erlaubst, auch mit Deinen inneren Augen zu sehen, ist Dein Leben wie verwandelt. Du hast auf einmal die Kraft, Dich aus einer toten Situation hinauszubewegen, weil Du Dir jetzt ein besseres, liebevolleres, wacheres Leben für Dich vorstellen kannst. Du durchschaust das Spiel.

Deine ganze Aufmerksamkeit gilt jetzt erst einmal nur dir, Deiner eigenen Transformation, Deinem eigenen Verständnis! Für eine Weile machst Du Dich jetzt erst einmal selbst zum Zentrum Deines Daseins, auch wenn Du das nicht gewohnt bist. Finde Dein Zentrum. Lebe mehr und mehr aus Deiner eigenen Mitte. Beginne, Deine eigene innere Wahrheit zu entdecken, ganz gleich, wie sie aussieht, und unabhängig davon, was die anderen davon halten, wie sie darüber denken. Vergiß nie, Du kannst es niemandem auf die Dauer recht machen! Wichtig allein ist, daß Du es Dir selbst recht machst und sich damit die Angst, Du selbst zu sein, auflösen kann. Wenn Du lernst, auch deine Bedürfnisse zu befriedigen, wirst Du bald spüren, wie gut dein Wohlsein auch den anderen tut!

Ein Mensch, der in sich ruht, weil er seine eigene Wahrheit gefunden hat und lebt, strahlt Frieden aus. Sicher kann er auch einmal wütend sein, aber seine Wut ist lebendig und ehrlich und vergeht rasch. Er hängt nicht fest an seiner Wut, er nutzt sie nicht aus, um andere Menschen damit zu erschrecken oder zu manipulieren. Er ist voll präsent und ehrlich in seinem Zorn wie in seiner Liebe. Ein solcher Mensch hinterläßt keine Spuren der Anklage und der Schuldzuweisungen. Er hat durch die volle Annahme seines Selbst auch die Verantwortung für sich selbst übernommen.

Erlaube dir, dich selbst wichtig zu nehmen!

Nimm Dir einen bestimmten Tag in der Woche, an dem NUR DU wichtig bist! An dem Du Deine Bedürfnisse befriedigst.

Ein Spaziergang allein in der Natur.
Ein Bad in heißen Quellen.
Ein neues Kleidungsstück.
Ein Konzertabend.
Ein Abend der Liebe.
Eine Pause von allem ...

Die Lösungen liegen eigentlich auf der Hand. Wir müssen uns nur noch nach innen wenden, um sie zu sehen. Dazu gehört auch, die innerliche Angst zu erkennen, die Dich immer wieder davon abhält, Du selbst zu sein, weil Du glaubst, Dich nur dann lieben zu dürfen, wenn Du von außen akzeptiert und geliebt wirst. Doch die Wahrheit ist, daß Du nur dann zu Dir kommst, wenn Du Dich selbst zuerst so annimmst, wie Du bist, und Deine eigene innere Bestätigung, Deinen eigenen Selbstwert nicht weiter von äußeren Gegebenheiten abhängig machst.

Der Mut, eine neue Realität zu schaffen

Eine neue Realität entsteht dann, wenn Du den Mut aufbringst, trotz aller Angst und Zweifel Deiner inneren Stimme, der Stimme Deiner Seele, Deiner Inneren Mystikerin, Gehör zu schenken!

Wenn ich davon spreche, eine neue Realität zu schaffen, ist das eigentlich so nicht ganz richtig. Es geht in erster Linie darum, die Zeichen einer neuen Realität erkennen zu lernen und ihnen zu folgen. Also zu erlauben, daß sie Wirklichkeit werden kann. Sich nicht dagegen zu sperren.

Was kommen soll, wird kommen, ganz gleich, wie sehr wir dagegen kämpfen. Und doch ist in jeder Situation immer ein »Fenster«, eine Chance, eine Öffnung beinhaltet, in der sich die Dinge jederzeit um 180 Grad drehen können. Nichts ist in Stein gehauen, alles ist beweglich und fließend. Alles kann sich zu jeder Zeit und ohne Warnung verändern.

Du kannst lernen, auch einmal wirklich für Dich selbst da zu sein. Du bist imstande, den Trott Deines Lebens zu verändern, wenn Du es willst und den Mut hast, auch die anfänglichen Unannehmlichkeiten in Kauf zu nehmen.

Deshalb ist eine der Hauptfragen, die ich immer wieder höre: »Wie wird es weitergehen?« Das ist auch eine meiner Lieblingsfragen, da sie mich unendlich unterhält und mir immer wieder einen guten Grund gibt, mich verständlicherweise um mein Leben zu sorgen. Diese Frage fasziniert uns so sehr, weil wir nie wirklich genau wissen können, wie es weitergeht. Aber eines ist sicher:

ES GEHT IMMER WEITER!

Mit oder ohne mein oder Dein Zutun. Die Welt bleibt nicht stehen, nur weil Du nicht weißt, wie es weitergeht… Es geht immer weiter. Es geschieht ohne unser Zutun.

Begnadet sind in meinen Augen die Menschen, die mit göttlichem Humor gesegnet sind und deshalb selbst in jeder schwierigen Situation den Sonnenstrahl entdecken können, der sie mit Leichtigkeit immer wieder zum Licht führt. Wenn Du den Abstand in Dir finden kannst, um über Dich selbst und Dein vielleicht oft schweres Schicksal einmal zu lachen, es als göttliche Komödie zu begreifen, ist das ein wundervolles Geschenk. Es ist Energieverschwendung, sinnlos zu rotieren und Dich in absurden Aktivitäten zu verlieren, anstatt innezuhalten, wenn es an der Zeit ist. Je stiller Du sein kannst, desto schneller glätten sich die Wogen Deines Denkens, desto eher gewinnst Du Dein inneres Gleichgewicht wieder und beginnst so zu heilen.

Auf diese Weise sparst Du Kraft.

Und um aufzuwachen und zu heilen, brauchst Du all Deine Energie. Diese Energie kann verschwendet oder aber in die richtigen Bahnen gelenkt werden, indem Du Dich jeden Tag mindestens eine Stunde hinsetzt oder hinlegst und Dir gestattest, innerlich still zu werden. Du tust dies für Dich. Es ist das allergrößte Geschenk, das Du Dir selbst geben kannst. Du lernst dabei, Dich regelmäßig aus dem Strudel des Alltags auszuklinken. (Auf diesen Punkt werden wir immer wieder kommen, da er einer der wichtigsten ist.)

Das Intervall zu finden, ist der Schlüssel, damit Du die innere Stille, Deinen inneren »leeren« Raum nicht wieder mit Dingen anfüllst, auch wenn sie spirituell noch so begehrenswert erscheinen. Du kannst Tausende von erleuchtenden Büchern lesen und Dutzende von Wachstumsgruppen besuchen, nichts wird Dir helfen, wenn Du nicht wirklich willst, sondern es nur Deiner spirituellen Unterhaltung dient.

Du mußt zuerst »TUN«, um dann später NICHT zu tun!

Du mußt zuerst alle Anstrengungen machen, um Deine Ziele zu erreichen, bevor Du sie mit gutem Gewissen fallenlassen kannst. Du mußt zuerst ganz klar sehen, daß all Deine Anstrengungen Deinem eigentlichen Wunsch, innerlich frei zu sein, entgegenstehen. Denn es geht genau um das Gegenteil: um ein absolut freiwilliges Loslassen … Es ist eine Entwicklung, bei der Du keine Sprosse auslassen darfst, denn sonst betrügst Du Dich selbst. Jeder Schritt ist wichtig. Und vor allem ist entscheidend, wie Du ihn tust!

Voller Bitterkeit und Wut, doch schön verpackt im spirituellen Gewand des streng Gläubigen, der heimlich alles haßt, was anders ist als er, und es doch vor sich selbst nicht zugeben kann. Oder mit offenem Herzen, ohne Vorurteile, voller Vertrauen in Dein Leben, auch wenn Du nicht weißt, wohin Dich Dein Weg führt. Dann ist jeder Schritt reine Gnade, und die Hilfe des Universums ist Dir gewiß, auch wenn Du manchmal zweifelst. Dann bringt Dich jeder Schritt Dir selbst näher.

DIE WAHRHEIT IST, DASS KEINER GENAU WEISS, WIE ES WEITERGEHT!

Und doch befinden wir uns alle auf unserem Weg und machen wir unsere Schritte, verwandeln uns, lassen los, lernen, werden mehr bewußt, wachen langsam auf. In diesem Bewußtsein liegt auch das tiefe Wissen verborgen, daß wir uns eigentlich keine Sorgen zu machen brauchen, wenn wir mehr Vertrauen in unser Leben und damit in uns selbst finden. Unser angeborenes Vertrauen wiederzuentdecken, weniger zu interpretieren und weniger an unsere eigenen, sehr subjektiven Interpretationen zu glauben und sie für die einzige Wahrheit zu halten... das bedeutet für mich wahren Mut.

In dieser Periode der Wandlung hilft es, sehr geerdet zu leben. Die Erde wieder als das zu sehen, zu spüren, was sie wirklich ist: unsere Heimat und Mutter. Wir kommen aus der Erde und gehen wieder in sie ein. Die Vereinigung dieser beiden Pole ist das Mysterium der weiblichen Kraft: das Annehmen und das Loslassen. Das Formgeben und die Auflösung der Form.

Vom Licht in die Dunkelheit.

Und von der Dunkelheit wieder zum Licht.

Heilung erlauben

Wenn Deine innere Frau, Deine Weiblichkeit zu heilen beginnt, wirst Du Dich nach Dunkelheit zu sehnen beginnen. Du wirst es genießen, im Dunkel zu liegen, im Mondschein zu baden. Die Erde gleicht der Dunkelheit. Hier löst sich die Schale des Samens, im Dunkel, in der Geborgenheit des Mutterleibes. Von hier aus strebt der Keimling zum Licht. Doch zuvor muß absolute Finsternis herrschen. Das Wunder geschieht im Dunkel. Und so ist es auch mit Heilung. Sie geschieht nachts, wenn das Denken aufgehört hat, wenn der Körper losgelassen hat, die Muskeln weicher und entspannter sind und das Wachbewußtsein ausgeschaltet ist. Wenn kein »Ich« mehr die Wahrnehmungen trübt. Ohne Einmischungen von außen hat der Körper dann die Chance, sich zu regenerieren und den Heilungsprozeß zu beginnen. In der tiefen Entspannung lösen sich die Verkrampfungen im Energiekörper. Und nur ein verkrampfter Energiekörper produziert Krankheit. Je entspannter Du bist, desto einfacher ist es für Deinen Körper, auch gesund zu bleiben.

Denn Gesundheit kommt von innen und nicht von außen!

Das gleiche gilt für Schönheit und Anmut. Und Heilung ist immer auch Liebe. Die Liebeskraft Deines eigenen Wesens heilt Dich. Sie ist die liebende Kraft des Universums, die Dich um so ungehinderter und heilender durchströmen kann, je entspannter Du bist. HEILUNG GESCHIEHT, wenn wir nicht denken, nicht planen, nicht mit unserem logischen Verstand arbeiten, sondern in unserem Innersten ein bestimmtes Gleichgewicht fühlen. Das ist die Voraussetzung. Wir können dies unterstützen, indem wir unsere Kräfte nicht mit unwichtigen Dingen vergeuden. Wir dürfen sie einladen im Gebet oder in der Meditation. Wir können uns unserer eigenen inneren Heilung öffnen, indem wir sie wirklich wollen und sie mit jeder Faser unseres Herzens herbeisehnen.

Es ist deshalb von größter Wichtigkeit herauszufinden, ob Du das Abenteuer des Heilens wirklich erfahren willst oder nicht. Es braucht nicht mehr und nicht weniger als Dein volles JA. Mit dieser Art von Totalität geschieht Heilung auf allen Ebenen des Seins. Denn dann arbeitest Du nicht gegen Deinen Körper, sondern unterstützt seine spontane Heilkraft. Dann ist Dein Abwehrsystem nicht überfordert und kann seine Arbeit tun.

Das Ende des Perfektionismus

Aber solange wir perfekt sein wollen und alles dafür tun, um in den Augen anderer und auch vor uns selbst immer perfekter zu werden, vergeuden wir all die wertvollen

Kräfte in uns, die wir zur Heilung brauchen. Um es noch einmal eindringlichst zu wiederholen: Perfektionismus ist Neurose! Nichts Lebendiges ist perfekt! Perfektionismus wird von dem Gefühl genährt, nicht gut genug zu sein.

Was wäre anders, wenn Du perfekt wärst?

Was ist perfekt für Dich?

Warum mußt Du perfekt sein?

Ich sage nicht, daß Du eine Sache oder eine Arbeit nicht so gut wie möglich tun sollst. Sondern ich meine damit, daß Du Dir vertrauen sollst, in jedem gegebenen Augenblick das Beste zu geben, ohne das Resultat anzuzweifeln. Und es auch GUT sein zu lassen! Unser Leben wird nie unseren perfektionistischen Ideen entsprechen. Wenn alles perfekt sein muß, bevor Du glücklich bist, hast Du einen langen, bitteren Weg der Enttäuschungen vor Dir, denn die Dinge sind fast nie so, wie wir sie uns vorstellen. Sie können es nicht sein. Denn alle Vorstellungen entspringen der Vergangenheit.

Sei ganz ehrlich mit Dir selbst: Stelle Dir innerlich die Frage, warum Du nach Perfektion suchst.

Was bedeutet er für Dich?

Was würdest Du durch ihn gewinnen?

Wie würde er sich in Deinem Leben auswirken?

Was würde sich dadurch verändern?

Wann weißt Du, daß Du perfekt bist?

Wer sagt Dir, daß Du es an einem bestimmten Zeitpunkt endlich sein wirst?

Mein indischer Meister hatte mich einmal vor vielen Jahren in einem Darshan, in dem er Fragen seiner Schüler beantwortete, als Perfektionistin bezeichnet. Schon durch meinen früheren Beruf als Model und Schauspielerin sei ich dazu geworden. Es stimmte! Alles mußte immer perfekt sein. Auch perfekt im Unperfekten. Ich war darin wirklich meisterhaft! Durch diese Bemerkung begann ich, tiefer und noch ehrlicher in mich hineinzusehen, und erkannte, daß auch ich, die ich mich für so befreit hielt, perfekt sein wollte, damit ich mich lieben konnte und damit auch von anderen geliebt werden mußte.

Doch Perfektionismus hat nichts mit Befreiung zu tun. Er ist ein Wahn, ein inneres Getriebensein auf ein Ideal hin, welches unerreichbar bleibt, damit Du keine Chance hast stehenzubleiben, Dich umzusehen und in den Augenblick der Gegenwart zurückzukehren.

Mit dem zu gehen, was IST,
bedeutet wahre Lebenskunst!
Sich auf das zu versteifen, was NICHT ist,
bedeutet Energieverschwendung und Unbewußtheit,
ist Schmerz und Leid.

Tu Deine Sache so gut und so liebevoll, wie Du es in diesem Augenblick vermagst, und dann laß los. Alles andere treibt Dich in den Wahnsinn, der oft ganz konventionell und seriös erscheint. Du kannst eine sehr reiche, aber rigide, tote Existenz führen, die nach außen hin wie ein Paradies aussehen mag, es aber in Wahrheit überhaupt nicht ist. Das Äußere kann so blenden, daß Du das Innere nicht mehr wahrnimmst. Doch die Welt wird durchsichtig, wenn Du Augen hast, um zu sehen. Dann ist nichts, was es scheint… Dann ist alles miteinander verwoben, vom kleinsten Partikelchen bis hin zum weitesten Ozean.

Du kannst auf Deine inneren, kreativen Kräfte vertrauen, wenn Du ihnen den Raum und die Zeit gibst, zu wirken. Aber nicht für Dein Ego, nicht für das Ziel, irgendwann in einer fernen Zukunft endlich perfekt zu sein, denn dies wäre ein Mißbrauch Deiner Kraft. Wenn Du den Drang nach Perfektionismus durchschaust, bist Du frei, Dein Leben in aller Spontanität zu leben. Dann vergleichst Du Dich nicht mehr mit anderen, dann wetteiferst Du mit niemandem mehr.

Dann bist Du, wie Du bist.
Dann ist alles, wie es ist,
dann sind keine mentalen Interpretationen notwendig,
um Dir Dein Leben zu erklären.

Übung: Reise zur Lebensquelle

Nimm Dir für diese Übung eine Stunde Zeit.
Der Abend ist am besten dazu geeignet, aber es sollte mindestens eine Stunde nach dem Essen sein. Du kannst Dich dazu auf Dein Bett legen, zugedeckt mit einer leichten Decke. Wieder solltest Du kein beengendes Kleidungsstück tragen und allen Schmuck ablegen.

Erlaube Deinem Bauch, sich vollkommen zu entspannen,
und atme einige Male ganz tief durch ...
Atme bewußt in Deinen Bauch hinein,
so tief und weit es geht.
Atme ganz langsam aus ...

Konzentriere Dich einige Minuten nur auf Deinen Atem,
bis er ganz von selbst tief in Dich ein-
und wieder aus Dir herausströmt ...
Dann laß Deinen Atem von selbst seinen Weg finden ...

Stelle Dir vor, wie Dein Atem all Deine Körperzellen
erreicht, alte, verbrauchte Energie wegträgt
und sie mit frischer Kraft auflädt.

Laß nun alle Gedanken und Ereignisse des Tages,
falls sie jetzt noch auftauchen, weiterziehen.

Bleibe an nichts hängen.
Laß alles los, was war.
Laß auch alle Laute an Deinem Ohr vorübergehen,
halte nichts fest.

Komm ganz in Deine innere Gegenwart,
um eine kleine Reise in Dein Innerstes anzutreten.

Der Atem strömt nun ganz sanft in Dich ein
und wieder aus ...
und Du kannst Dein Bewußtsein von ihm lösen.

Dein Körper atmet ganz von selbst weiter.
Du kannst ihn ruhen und sich in der tiefen Entspannung erfrischen lassen.

Du bleibst dabei hellwach und bewußt!

Wende jetzt Deine Aufmerksamkeit nach innen.
Auf Dein Herz hin, welches in regelmäßigen Abständen ruhig schlägt.

Gehe mit dem Rhythmus Deines Herzens tiefer ...
Stelle Dir vor, daß Du ganz in Deinem Herzen bist,
mit ihm pulsierst ...
mit ihm atmest ...
Dich mit ihm bewegst ...

Laß Dich durchpulsen und durchströmen
von der unendlichen Kraft Deines Herzens,
Deiner Lebensquelle.
Verschmelze mit ihr.
Ruhe in ihr.
Bade Dich in ihr.

Du kannst Dir auch vorstellen,
daß diese Kraft in Dir wie ein herrlicher Wasserfall ist,
der erfrischend und belebend auf Dich herabströmt,
oder wie eine sprudelnde, muntere Quelle ...

Es ist die ewige Kraft des Lebens in Dir,
die weiterlebt,
auch wenn Du eines Tages diesen Körper hinter Dir läßt.
Die Kraft, die wir alle in uns tragen.

Du kannst Dich an Deine ewige Lebensquelle in Dir erinnern,
wenn Du Dein Herz schlagen fühlst.
Du kannst Dich erinnern,

wenn Dein Herz in Freude schlägt,
und auch, wenn es traurig ist.
Auch wenn Trauer Dein Herz langsamer schlagen läßt,
ist die Quelle des Lebens in Dir lebendig!

Die Quelle der Kraft ist immer in Dir,
ganz gleich, welche Emotionen Du spürst.
Sie ernährt Dich auf allen Ebenen Deines Seins.
Sie hilft Dir und heilt Dich.
Sie ist das Mysterium des Lebens selbst.

Sie macht Dir deine Verbundenheit
mit allen anderen Wesen bewußt,
denn in jedem Lebewesen schlägt ein Herz.
In jedem Lebewesen pulsiert dieselbe Kraft
des Lebens wie in Dir.

Laß Dir Zeit,
Dich mit Deiner Quelle der Kraft
bewußt zu verbinden
und Dich immer wieder an sie zu
erinnern.

Bleibe noch einige Minuten still liegen und spüre, wie Dein Herz ruhig und stark schlägt und wie Deine gesamte Lebensenergie jetzt kräftiger und harmonischer in Dir fließt. Erinnere Dich auch später daran, daß die Quelle des Lebens immer in Dir ist und Du jederzeit aus ihr schöpfen kannst, wenn Du neue Kraft brauchst!

Vierter Schritt

Meditation als Tür zur eigenen Wahrheit – Dein ganz persönliches Lebensskript – Die Kraft der Selbstvergebung – Deine innere Stimme – Die Sprache des Körpers – Die Botschaft der Träume – Übung: Heilmeditation für Frauen

Meditation als Tür zur eigenen Wahrheit

Wir Menschen brauchen in regelmäßigen Abständen Augenblicke, in denen wir uns innerlich von allen Gedanken und Sorgen der materiellen Welt lösen können. Um das sogenannte »Alltagsbewußtsein« zu überschreiten, brauchen wir Ruhe und Raum für uns selbst, um allein zu sein, um still zu werden, um zu meditieren. Erst dann beginnen wir wirklich, nach innen zu blicken.

Zu Beginn jeder Meditation wird der ständige Gedankenstrom noch deutlicher wahrgenommen, weil wir jetzt unser Bewußtsein, unsere Aufmerksamkeit auf ihn richten. Er geht nicht mehr unbewußt »unter« im täglichen Chaos, sondern tritt um so deutlicher hervor. Wir fragen uns zu Recht, woher all diese Gedanken kommen; wußten gar nicht, daß wir so viele Gedanken haben …

Und viele dieser Gedanken gehören nicht einmal zu uns, wir »fangen« sie aus unserer Umwelt auf. Diese Tatsache kann man deutlich erkennen, wenn man sich in einen Raum mit depressiven Menschen begibt (auch ein Warenhaus kann denselben Effekt erzeugen). Nach einer Weile verlieren wir an Energie und werden oft traurig und müde. Wenn wir jedoch einen Raum oder einen Ort mit fröhlichen Menschen finden, wird unsere Stimmung sofort, selbst wenn wir vorher traurig waren, positiv. So können wir gar nicht umhin, ständig auch auf unsere Umwelt mit unseren Schwingungen einzuwirken. Damit will ich nicht sagen, daß wir unsere Traurigkeit verstecken sollen, denn das wäre Selbstbetrug und würde uns nichts nützen. Meditation darf deshalb nicht dazu benutzt werden, die eigene Negativität zu verschleiern und zu verdrängen. Am besten ist es, wenn wir uns immer zuerst unserem inneren »Schatten« stellen und ihn nicht als etwas Böses abweisen, sondern ihn annehmen, ihm für seine Botschaft danken und seine wahre Funktion erkennen. Solange Du mit etwas kämpfst, wird es stärker. Wenn Du es so annehmen kannst, wie es ist, löst es sich auf.

Diese Einsicht wirst Du durch regelmäßige Meditation gewinnen. In der Erkenntnis Deiner eigenen Identifikation mit dem Irrealen liegt die Befreiung. Meditation dient somit auch immer der Öffnung Deines Herzens sowie der Loslösung Deines Wesens von irdischen Verstrickungen. Sie hilft Dir, Dein wahres Sein zu begreifen, und bewirkt dadurch ein wesentlich tieferes Verständnis Deines Daseins.

Als Unterstützung für Tiefenentspannung und Meditation können einige wichtige Maßnahmen getroffen werden.

ERSTENS:
Wenn ich meditieren will, stelle ich das Telefon ab. Nicht leiser, sondern AB; so daß mich wirklich nichts stört! Denn in diesem Moment ist nichts wichtiger als die innere Stille, in die Du Dich jetzt fallen lassen willst. Der Raum der kreativen »Leere«, des Nichts, der Entspannung, aus dem alles kommt und in den alles wieder eingeht. Auf diese Weise erlebe ich ganz bewußt meine innere Unendlichkeit. Ich klinke mich absichtlich für eine erholsame und heilende Phase aus dem Treiben der Welt aus. Das ist mein

gutes Recht. Denn je entspannter ich innerlich bin, desto harmonischer sind auch die Schwingungen, die ich aussende …

Damit helfe ich nicht nur mir selbst, sondern auch allen anderen Menschen!

Denn je ruhiger und friedlicher ich bin, desto friedlicher und ruhiger sind auch die Schwingungen, die ich aussende und die andere von mir auffangen.

ZWEITENS:
Ich gehe hinaus in die Natur und lege mich mit dem Bauch auf die Erde. Wenn das nicht möglich ist, lege ich mich in meinem Zimmer auf den Boden.

Ich beobachte, wie meine Energie fließt, wo die Blockaden liegen, wo ich verspannt bin.

Dorthin lenke ich meine Aufmerksamkeit, meine Energie, meine Kraft.

Ich stelle mir vor, wie diese Stellen in meinem Körper angenehm weicher und wärmer werden und sich allmählich auflösen. Ich stelle mir vor, wie alte, verbrauchte Energie abfließt … Durch den Boden in die Erde, wo sie wieder in neue Kraft verwandelt wird. Ich spüre den Kreislauf frischer Lebenskraft in mir. Ich lasse alles los, was ich im Augenblick nicht brauche. Ich mache mich leer und lerne, mit dem Energiefluß zu gehen. Wenn Tränen kommen, lasse ich sie einfach fließen …

Die gleiche Übung kann man auch mit einem Baum machen, indem man sich mit dem Rücken ganz eng an einen Baumstamm stellt. Für die Indianer war dies immer ein Weg, sich mit den Kräften der Natur zu verbinden.

Wieder entspannst Du Dich und erlaubst Dir, die Kräfte des Baumes mit Deinem Rückgrat zu »erspüren« und aufzunehmen, sie in Dir kreisen zu fühlen.

Stell Dir vor, wie eine heilende Kraft durch den Stamm in Dich einströmt, Dich ganz erfüllt!

Spüre den Stamm wie einen Teil von Dir selbst, wie einen Teil Deines Körpers.

Werde zum Stamm.

Ganz geerdet, verwurzelt und stark, und doch biegsam, sehr beweglich und lebendig.

So verbindest Du Dich mit den Kräften der Natur, die um so wirksamer sind, je wilder und natürlicher die Gegend ist. Die vom Menschen noch unberührte Natur hat die stärksten Heilkräfte, und das spürst Du sofort. Deshalb zieht es mich immer wieder in den Dschungel, an Wasserfälle, in einsame Wälder und vor allem in die Wüste. Aus diesem Grund mache ich jährlich meine Mystic Journeys zu Heilquellen in der Wildnis des Südwestens der USA. Es ist eine ganz besondere Kraft, die Du dort aufnimmst, die Weite und Raum in Dir schafft, die Dir eine neue Perspektive anbietet. Durch das Loslassen Deiner Anspannungen hast Du Raum geschaffen, und dadurch kann Deine Kraft wieder freier fließen.

DRITTENS:
Ich nehme mir Zeit.
Ich lerne, mir Zeit für mich selbst zu
nehmen!
Ich nehme mir Zeit für mich selbst.
Ich nehme mir Zeit für mich.
Ich nehme mir die Zeit zu heilen ...
Ich heile.
Meditation bedeutet innere und äußere Heilung.

Du beginnst jetzt langsam, diesen neuen Impulsen, dieser neuen Schwingung in Dir Raum zu geben. Auch wenn sie zunächst vielleicht etwas beängstigend scheint, da sie die Kraft hat, Deine Kerkermauern aufzulösen und Dir die Illusion Deiner immer wiederkehrenden, einschläfernden, negativen Gedankenketten zu zeigen.

Du kannst Dich ganz beruhigt in die Intervalle zwischen den Gedanken fallenlassen ... Denn nur in diesem unbeschreibbaren inneren Raum der Stille, der Leere, der Meditation, dort wo nichts mehr ist, ist innere Heilung möglich.

Es geht nicht darum, bei der Meditation den Phänomenen nachzujagen, die Dir Deine Göttlichkeit beweisen sollen, wie viele sogenannte Lehrer es verkünden. Bei der wahren Meditation geht es um NICHTS! Es müssen keine Landschaften, keine Engelswesen, kein Licht auftauchen, es braucht keine Klänge und Chöre. Bleibe nicht an diesen Phänomenen hängen. Genieße es, wenn sie kommen, doch dann laß sie auch wieder los. Erwarte nichts, und alles wird von selbst geschehen!

Als ich vor vielen Jahren in Kalifornien lebte, erfuhr ich während und auch nach meinen Meditationen höchst ungewöhnliche Zustände. Ich hörte Töne, das Knacksen von Ästen, überweltliche Klänge und Stimmen. Ein ganz besonderes Phänomen blieb lange in meinem Bewußtsein und machte mich ganz stolz auf mich selbst. Eines Tages – ich hatte einige Übungen beendet und war gerade dabei, meine Augen langsam wieder zu öffnen – sah ich plötzlich einen deutlichen Schleier von goldenen Partikelchen von meinem Kopf herunter über meinen gesamten Körper strömen. Ich saß, sozusagen in einem Goldregen gebadet, auf dem Boden! Wenn ich die flimmernden Partikelchen direkt ansah, verschwanden sie langsam und wurden unsichtbar. Wenn ich sie aber seitlich, indirekt betrachtete, ohne meine Augen auf sie zu fokussieren, erschienen sie überaus deutlich, und ich konnte sie genau beobachten. Dieser Anblick ließ mein Denken wirklich für einige Minuten absolut stillstehen.

Doch all diese Dinge sind nur wie kleine, harmlose Spielereien, die Dich für einige Sekunden von dem zeitlosen Erlebnis des unendlichen Raumes Deiner inneren Stille ablenken wollen. Die wahre Überraschung liegt immer jenseits solcher Phänomene, jenseits von »spirituellen Belohnungen«. Denn die Bilder, die auftauchen, sind nur Visionen und Wünsche Deiner eigenen religiösen Konditionierungen. Wenn wir nicht bewußt werden, geht die »Kunst der spirituellen Unterhaltung« auch auf der inneren Ebene nahtlos weiter.

Was jedoch notwendig ist, ist ungeteilte Aufmerksamkeit, um die Inhalte des Bewußtseins in ihrer vollen Leere und Stille und ihrer göttlichen Grenzenlosigkeit direkt zu erfahren!

Du willst nichts,
Du brauchst nichts,
Du suchst nichts,
Du bist einfach da.
Es gibt nichts zu tun.
Nichts zu sehen.
Nichts zu verstehen.
Nichts zu hören, auch innen nicht.

Aber sich so vollkommen fallen zu lassen, dorthin, wo wirklich nichts mehr ist, jenseits aller Vorstellungen und Bilder, jenseits aller Gedanken und wechselnder Gefühle, braucht viel Mut und Vertrauen. Doch gleichzeitig ist es das Einfachste der Welt. Leider haben so viele Leute Angst vor Meditation, was sehr schade ist, denn damit haben sie auch gleichzeitig Angst vor ihrer eigenen inneren und äußeren Freiheit. Innerlich einmal ganz den dauernden Strom der Gedanken und Gefühle loszulassen, braucht mehr Mut, als den Himalaya zu besteigen. Innerlich loszulassen und damit spontane Meditation zu erlauben, ist das einzig wahre Abenteuer im Leben, das es sich zu wagen lohnt.

Wenn wir wirklich heilen wollen, ist dies jedoch der Weg. Wir können ihn umgehen, können uns alle möglichen Dinge ausdenken, warum wir ihn nicht beschreiten wollen, aber wenn wir wirklich ehrlich sind in unserem Vorhaben, bleibt uns nichts anderes übrig, als eines schönen Tages mit Meditation – in welcher Form auch immer – zu beginnen. Es ist vollkommen in Ordnung, deine eigene Form zu finden! Du mußt weder Deine Finger noch Deine Hände noch den Rest Deines Körpers in eine groteske Haltung quälen. Auch mußt Du nicht wie ein Steinbuddha, unbequem und mit schmerzenden Beinen, auf dem Boden sitzen. Es ist vorteilhafter, Deine eigene, bequeme Lage zu finden; das kann ein Stuhl sein, es kann im Liegen sein oder sogar im Stehen. Es ist aber wichtig, daß Du Dein Rückgrat gerade hältst und dabei ganz entspannt bist!

Denn Meditation geschieht nur in der Entspannung, niemals in der Anspannung! Meditation ist nicht Konzentration! (Wie es das westliche und sogar das östliche Denken manchmal darstellt). Aber wenn Du ein sogenannter »Willensmensch« bist und das Gefühl der Kontrolle brauchst, Dich daher nicht leicht entspannen und innerlich loslassen kannst, probiere es ruhig mit Konzentration.

Viele Probleme dieser Welt könnten sich auf diese Weise in Luft auflösen, denn nichts verändert so radikal wie tiefe Meditation. Denn in der Meditation beginnst Du, Dein wahres Selbst zu erfahren, und Du siehst plötzlich, daß Du weder Dein Name noch Deine Form bist. Diese Erkenntnis löst manchmal einen Schrecken aus, aber wenn Du dabei bleibst und nicht fortläufst, kommt schnell ein Gefühl der Geborgenheit. Es ist Dein »Verstand«, Dein Denken, Dein Ego, was sich fürchtet, nicht Du. Diese Schwelle kann von jedem Meditierenden überwunden werden. Und sie ist besonders deutlich, wenn das äußere Leben voll ist bis zum Rand und niemals eine Lücke entsteht, kein Intervall, kein Abstand vom täglichen Karussell. In der Pause zwischen den Gedanken liegt Stille, ist Ruhe, ist tiefe Meditation bereits vorhanden. Aber dies sind zunächst nur Bruchteile von Sekunden. In der Meditation werden diese Intervalle langsam länger, vor allem, wenn Du Dich regelmäßig hinsetzt und meditierst.

Zu Anfang jedoch kommt erst einmal alles hoch. Mach Dich darauf gefaßt! Alle unterdrückten Gedanken und Gefühle, alle Ängste und Zweifel melden sich. Deshalb geben viele Menschen leider gleich zu Anfang auf. Denn wenn Du immer geschäftig bist, bleibt vieles in Dir unterdrückt. Sobald Du innerlich stiller und ruhiger wirst, kommt es hoch. Diese Phase muß von jedem mutig durchlebt werden. Nur dann geschieht das Wunder. Es braucht Ausdauer und immer wieder Mut und Geduld, um weiterzumachen, um den tieferen Blick nach innen zu wagen.

Doch was geschieht, wenn Du diese neue Freiheit in Dir erahnst und nicht mehr in den alten Ketten gefangen bist? Wirst Du lernen, Deine Flügel wieder zu gebrauchen? Wirst Du Dich über Dich selbst hinausheben? Oder wirst Du Deine mentalen Ketten vermissen, weil sie Dir die falsche Sicherheit einer fiktiven Identität vorgegaukelt haben? Mit zunehmender Freiheit wächst natürlich auch Deine Verantwortung Dir selbst gegenüber. Wenn Du eine bequeme Situation aufgibst, in der Du zwar gefangen warst, aber Dir über Dein weiteres Leben keine Sorgen machen mußtest, verursacht dies zunächst Angst. Durch diese Angst mußt Du durch. Sie löst sich recht schnell auf, wenn Du Deine eigenen inneren Kräfte wieder zu spüren beginnst!

Der Preis für Sicherheit ist oft ein betäubtes Gefühlsleben, und der Pfad des Erwachens ist leider nicht immer nur mit Rosen bedeckt… Doch in Abgestumpftheit und Apathie findet keine Transformation statt.

In der sogenannten »Twilight Zone« während der Meditation helfen Dir tiefe Entspannungsübungen. Du bist wie immer frei zu entscheiden, was für Dich am besten ist, was Dir hilft und mit welchen Methoden Du zunächst arbeiten willst. Erspüre, was für Dich ganz persönlich stimmt, was sich für Dich richtig anfühlt. Was immer Dich an Deinen Punkt der inneren Stille führt, Dir dabei hilft, leer zu werden, ist gut. Folge Deinem Gefühl.

Was immer Dich mit neuen Vorurteilen, Dogmen, Wünschen und Halluzinationen anfüllt, ist Teil der »spirituellen Unterhaltung«. In der Regel schadet es Dir nicht, hilft

Dir aber auch nicht weiter. Du vergeudest nur Deine Zeit, und Zeit ist kostbar. Wir sind nicht endlos hier in diesem Körper, in dieser Existenz. Mach deshalb täglich Raum für Meditation. In der Meditation, in der Tiefenentspannung, vor der Du wirklich keine Angst haben mußt, kannst Du den nötigen Abstand von allem Unwichtigen schaffen und lernen, Deinen Fokus wieder auf das Wesentliche in Deinem Leben zu richten. Meditation fungiert als eine Ausrichtung auf das Wesentliche hin. Mit der täglichen Übung des Loslassens beginnt Deine Heilung. Die Zeichen sind deutlich.

Eine neue Ruhe und Gelassenheit steigt in dir auf..

Die Metamorphose hat begonnen.

Deine Fesseln sind gesprengt. Du bist die, die Du schon immer warst, und doch gebierst Du Dich jetzt täglich von neuem. Du lernst Dich kennen. In der Stille Deiner Meditation erkennst Du das größte Geschenk von allen: DEIN WAHRES WESEN!

Dein ganz persönliches Lebensskript

Und ein Teil des Wesentlichen, da es Dein gesamtes Leben beeinflußt, ist Dein Lebensskript. Deine Geschichte, oder besser die Geschichte, die man Dir erzählt hat. Deine Vergangenheit, die bis heute Deine Zukunft geformt hat und sie auch weiterformen wird, wenn Du diesen Mechanismus nicht verstehen lernst. Wenn Du nicht verstehst, daß Deine Geschichte gar nicht wirklich die Deine ist... Das Lebensskript kann überholt, umgeschrieben und auch total weggelassen werden, wenn Du Dich innerlich davon befreien kannst, indem Du nicht mehr daran glaubst und es nicht weiter wie einen endlosen Faden in Deine Zukunft spinnst.

Manche Geschichten mögen angenehm sein, mögen Dich sogar befriedigen. Doch meist beinhalten sie eine Form des Kampfes, die leider oft das ganze Leben bestimmt. Ich möchte an dieser Stelle nicht weiter auf das

Thema »vergangene Leben« eingehen, aber sicher bekommt manch einer von uns auch aus diesen Sphären einiges mit auf den Weg, woran er oder sie lange zu kauen hat. In der Regel jedoch entsteht das Skript ganz früh in der Kindheit und wird dann durch entsprechende Erfahrungen untermauert, bis wir selbst von seiner Gültigkeit auf Lebenszeit überzeugt sind.

Sieh nach und finde heraus, wie Deine persönliche Geschichte aussieht, durch welche Gedanken und Gefühle, durch welche Urteile und Bewertungen anderer Menschen sie sich zusammengesetzt hat. Wie sie sich durch Dein ganzes Leben zieht und sich immer wieder manifestiert, obwohl Du sie vielleicht gern verändern oder sogar ganz hinter Dir lassen möchtest. Sobald Du gelernt hast, sie genau zu beobachten, sie zu verstehen, ihre sich ständig wiederholenden Muster nicht mehr ernst zu nehmen, bist Du auf dem Weg in die Freiheit. Es geht nicht darum, diese Geschichte bis ins Kleinste entziffern zu müssen, denn auch sie ist letztlich eine Illusion; man hat sie Dir sozusagen als fragwürdiges »Geschenk« mit auf den Weg gegeben.

Es geht darum, einige Hauptgedanken über uns selbst zu erkennen und zu »löschen«, mit denen wir ganz besonders identifiziert sind und die wir entweder irgendwo aufgefangen haben, weil sie uns gerade ins Konzept paßten, oder uns selbst suggerieren, da wir sie von Menschen, die uns sehr nahe stehen, ununterbrochen gehört haben. Natürlich sind solche tiefgreifenden Entwicklungen nicht nach ein paar Wochen oder Monaten beendet. Für manche Menschen sind vorübergehend auch Therapien hilfreich, um die sonst endlosen Verknotungen zu lösen. An dieser Stelle müssen wir besondere Geduld entwickeln. Wir sollten unsere Ungeduld beobachten können, ohne aber handeln zu müssen. Es hat viel Zeit gebraucht, um all die Verstrickungen zu schaffen, und es braucht mindestens ebensoviel Zeit, sie wieder zu lösen.

Mein eigenes Skript beinhaltete zum Beispiel die Idee,

daß ich immer alles sofort sehr gut können mußte, damit ich genügend geliebt wurde. Daß ich wie eine Amazone meinen Mann im Leben stehen und die Männer auch noch gleich mit durchfüttern mußte, bis sie stark genug waren, mich zu verlassen. Erst dann konnte ich wieder das ersehnte Selbstmitleid empfinden, welches mich so endlos tief fühlen ließ und mein Innerstes nach außen kehrte. Ich war ein glücklicher Märtyrer.

Manchmal reicht ein Hauptgedanke, ein Gedanke über dich selbst, der immer wieder kommt, der sich ständig zu wiederholen scheint, wie ein Lied auf einer kaputten Musikkassette. In diesem Gedanken liegt eine äußerst wichtige, verschlüsselte Botschaft. Wenn Du ihn erkennst, hast Du die Chance, einen ganz wichtigen Aspekt Deiner Geschichte zu verstehen. Denn unter all den Vorstellungen, Vorurteilen, Meinungen, Dogmen und Gedanken anderer Menschen und auch Deines eigenen Egos liegt Deine Wahrheit begraben. Und Du hast tüchtig mitgeschaufelt, indem Du Dich selbst immer mehr vergessen und Dich selbst innerlich versklavt hast, und das alles nur aus einer Angst heraus, »die Dir zuzwinkert, wenn Du ihr wirklich ins Auge blickst...« wie ein altes russisches Sprichwort verrät.

Wenn Du zum Beispiel nie »gut genug« warst oder bist, wirst Du Dir dies Dein ganzes Leben lang auf die eine oder andere Art immer wieder selbst beweisen! Auch Deine Familie, die ebenso in Deinem Lebensskript vertreten ist, wird unbewußt in dieselbe Kerbe schlagen wie Du. Und selbst wenn Du einen gewissen Erfolg erringst, wirst Du Dich davor hüten, ihn zu genießen. Denn wenn Du ihn genießen würdest... WAS DANN?

Es ist wichtig, daß Du ganz ehrlich mit Dir selbst bleibst, wenn du diese uralten Ideen über Dich selbst in Dir auflösen möchtest. Zu oft halten wir an unseren Geschichten fest, weil sie zumindest etwas darstellen, woran wir uns klammern können. Lassen wir unsere Geschichte los, werden wir zunächst mit einer Leere konfrontiert, die manchmal nicht leicht zu ertragen ist. Und so begegnen wir immer wieder unserer alten Angst, das Bekannte loszulassen. Selbst wenn die Lebensumstände negativ sind, sind sie uns oft noch lieber als das gefürchtete Unbekannte. Doch unser aller Reise geht immer zum Unbekannten, ganz gleich an welcher Stelle wir beginnen. Letztlich ist es das »Unbekannte«, dem wir in jedem Lebensskript davonlaufen wollen. Daß wir nicht weit kommen, liegt weniger an uns als an unseren Ideen über uns selbst und der Tatsache, daß jede Flucht vor uns selbst sinnlos ist.

Ein wichtiger Hauptgedanke
kann deshalb der wertvolle Schlüssel sein,
nach dem Du schon lange suchst.
FINDE IHN!

Sieh all die Zusammenhänge, die dieser eine Gedanke in Deiner Vergangenheit bisher ausgelöst hat. Je deutlicher Du hinschaust, desto schneller verwandelt sich Deine Geschichte. Bis Du an den Punkt kommst, an dem Du sie sogar neu gestalten kannst, weil Du nicht mehr unter ihrem hypnotischen Effekt leidest. Auch wenn Du sie vielleicht nicht ganz umschreiben kannst, so liegt es doch in Deiner Macht, Dich tatsächlich immer weniger mit ihr zu identifizieren. Du kannst sie statt dessen beobachten lernen und sehen, was welche Impulse auslöst und wo Du das Bewußtsein verlierst, was Dich innerlich zum Stillstand bringt und Dein Marionettenleben fortsetzen läßt.

Eine tiefere Form der Wahrnehmung ist erlernbar mit einem neuem Bewußtsein. Je weniger Du an Situationen und Dingen festhältst, desto freier ist Dein Geist und desto intimer bist Du mit dem Kern Deines innersten Wesens verbunden. Wenn Du lernst, Dich so auf Dich selbst zu verlassen, gewinnst Du frische Kraft und neues Selbstbewußtsein. Ganz gleich, ob Du irgendwelche Fehler machst oder nicht! Allein die Übung des Beobachtens, des Sehens dessen, was ist, ohne Urteile oder Interpretationen, gewährt Dir mit der Zeit eine völlig neue Sichtweise. Und mit der Kraft dieser neuen, bewußteren Sichtweise verliert ein negatives Skript die Macht über Dein Leben. All dies passiert leider nicht über Nacht. Es braucht Zeit und Arbeit. Es braucht Dein volles Bewußtsein, die Verstrickungen wahrzunehmen und nicht mehr automatisch auf sie zu reagieren.

Ein Beispiel: Als ewige Romantikerin leide ich maßlos an Trennungen und kann manchmal jahrelang weder die Erinnerungen noch meinen Schmerz loslassen. Dadurch ruiniere ich meist auch die neue Partnerschaft, die sich mit einem anderen Menschen entwickelt hat. Wenn ich dies endlich bemerke, ist es meist zu spät. Ich leide wieder wie wahnsinnig unter dem, was nicht war, aber hätte sein können ... Und so vergeht das Leben. Mein Skript schrieb Schmerz vor. Meine Mutter hatte zwei sehr unglückliche Lieben. Mein Vater kehrte nach dem Krieg nach Italien zurück, zu seiner ersten Familie, die er meiner Mutter aber immer verheimlicht hatte. Ihr zweiter Mann fiel im Koreakrieg, noch bevor die Heiratspapiere unterschrieben werden konnten. Die Tragik ihres Lebens war unbeschreiblich.

Ich kenne aber auch Menschen, die sich leicht trennen und denen man keinen Schmerz ansieht. Mir war dies nie vergönnt. Ein Bekannter von mir will sich von seiner Frau trennen, da sie sexuell nichts mehr empfindet. Sie steuert auf die Menopause zu. Die sexuelle Kraft hat sich verringert, sie bekommt keinen Orgasmus. Beide sind noch jung, in ihren frühen Fünfzigern. Ist dies ein Trennungsgrund? Auf der einen Ebene kann ich den Wunsch, sexuell befriedigt zu werden, verstehen, auf der anderen Seite lebt man jedoch nicht hauptsächlich mit dem Körper des Partners. Die Seele des Menschen, sein Herz verströmt die Energie, sie nährt und unterstützt. Die Energie dieser Frau will sich nicht sexuell ausdrücken.

Auf einer tieferen Ebene findet hier wohl eine Entwicklung statt, die im Moment für diese Frau noch nicht klar verständlich ist. Sie muß jetzt lernen, auf die Sprache ihres Körpers zu hören, obgleich die Trennung droht. Die wirkliche Verbindung zum Partner und besonders auch die Liebe, die Seelenliebe, offenbart sich meist erst in schwierigen Situationen. Vielleicht ist diese Entwicklung auch ein Teil des Skripts, das auf Manifestation drängt. Denn all die Wünsche und Dinge, die wir nicht loslassen können, müssen zuerst sichtbaren Ausdruck finden. Wir müssen sie ausleben.

Stell Dir ab heute vor, daß sich Dein Leben genau in den richtigen Bahnen bewegt, daß Du eine Quelle unendlicher Freude und Kraft in Dir trägst und daß Du in Wirklichkeit innerlich und äußerlich immer frei bist, Du selbst zu sein!

Auch ohne Deine Geschichte.

Ohne die Einengungen, wer und wie Du zu sein hast.

Stell Dir vor, daß Du Dich von Deiner belastenden Vergangenheit leicht lösen kannst, ohne weiter das »Opferlamm« spielen zu müssen. Oder »Schuld« zu tragen, weil Du endlich DEIN LEBEN leben willst!

Stell Dir vor, daß Du Dich auch von einem alten Wohnort, einer Beziehung oder einem Beruf lösen kannst und immer die Chance hast, ein neues Leben zu beginnen und für Dich zu sorgen, wenn Du das willst.

Stell Dir vor, daß Du keine Überlebensangst mehr hast, daß sie sich immer mehr und mehr auflöst …

Stell Dir vor, daß Du nichts tun mußt, um geliebt zu werden!

Stell Dir vor, daß Du bereits die bist, die Du schon immer sein wolltest.

Durch neue, positivere Gedanken und Visionen verändern wir unsere Welt. Zuerst im Inneren und dann auch im Außen. Wir können sie uns aber nicht aufzwingen. Wir sollten mit diesen neuen Ideen spielen, einfach so, um zu sehen, wie sich das anfühlt, sich einmal etwas anderes vorzustellen... nämlich daß das Universum aus dem Stoff gemacht ist, den wir Liebe nennen!

Wir können selbst ganz direkt spüren, wie es uns schadet, an den negativen Vorstellungen unserer eigenen Geschichte festzuhalten und uns damit Tag für Tag selbst innerlich herunterziehen. Wir können aber auch nur so zum Spaß neue positive Gedanken in uns hereinlassen und sehen, was dann passiert. Durch die Erweiterung Deiner inneren positiven Vision von Dir selbst und der Möglichkeit, Dein Leben ebenfalls in leichtere, frohere Bahnen zu lenken, wird allmählich eine lebendigere Flexibilität in Dir heranreifen. Du siehst jetzt, daß Du in Wirklichkeit IMMER eine Wahl hast, und diese Wahl ist eine Öffnung in ein völlig neues Erleben und Wirken.

Die Kraft der Selbstvergebung

Wenn wir uns selbst für unsere »Fehler« und »Irrtümer« im Leben vergeben haben, wird die Energie, die zuvor im Festhalten an der sogenannten Schuld gebunden war, frei.

Dies gibt Dir einen ungeheueren Energieschub. Du fühlst Dich plötzlich wie verwandelt, innerlich wie äußerlich freier, lebendiger, fröhlicher. Du hast mehr Kraft und damit wieder mehr Selbstvertrauen. Du hörst auf, um Liebe zu betteln, weil Du damit beginnst, Dich selbst zu lieben. Lebendigkeit bedeutet mehr Energie, diese Energie bewirkt die Transformation. Wenn diese völlig frische, neue Lebendigkeit in Dir erwacht, wirst Du natürlich auch weniger müde sein als zuvor. Damit bist Du automatisch wacher und mehr bewußt. Wenn Du bewußter bist, kannst Du Dich selbst und die Welt besser erfahren. Du wirst erkennen, daß die ständige Selbstkritik unnötig ist. Du siehst dann, wie Du Dich selbst boykottierst, Dich selbst sozusagen »in die Pfanne« haust. Selbstvergebung ist deshalb einer der wichigsten Schritte, dem alten Muster der Selbst-Degradierung ein für allemal ein Ende zu bereiten.

Liebe beinhaltet immer auch Selbstvergebung!

Indem Du Dir selbst vergibst, vergibst Du auch allen anderen Menschen um Dich herum. Die natürliche Kraft Deiner inneren Frau liegt im Annehmen, im Vergeben, im Raum schaffen. Nutze diese Kraft für Dich! Solange der Kampf mit Deiner Geschichte im Inneren anhält, so lange gibt es auch den Kampf im äußeren Leben. Denn nur wenn wir innerlich Frieden gefunden haben, hört auch der äußere Krieg auf. Das äußere Leben spiegelt das innere Leben wider. Auf Transformation kannst Du Dich nur vorbereiten, geschehen muß sie von selbst. Es ist eine natürliche Konsequenz.

Deine innere Stimme

Ein weiterer wichtiger Schritt ist deshalb, diese Zusammenhänge sehen zu lernen und den Kontakt mit Deinem innersten Wesen aufzunehmen. Dieser Kontakt ist lebenswichtig, wenn Du in Harmonie mit der Welt und Dir selbst leben willst. Du kannst diesen Kontakt langsam wiederherstellen, indem Du beginnst, auf die feine, leise Stimme in Deinem Innersten zu hören. Meist geht sie völlig unter im lauten Gewirr der Gedanken, die sich unentwegt in unserem Kopf herumbewegen. Je lauter sie sind, desto weniger vernimmst Du Deine innere Stimme. Je mehr Du im Äußerlichen rotierst und nach Antworten suchst, die dort leider nicht zu finden sind, desto weniger hörst Du innerlich hin.

Deshalb ist jede Übung, die Dich still werden läßt, von unsagbarem Nutzen und der Zustand der Meditation eine Gnade. Je mehr Du lernst, Dich tief zu entspannen, Dich regelmäßig Deinen mentalen und oft genug selbstproduzierten Problemen zu entziehen, sie auch einmal ruhen zu lassen, wenn sie sich nicht sofort lösen lassen, desto eher wird es Dir möglich sein, Deine innere Stimme zu vernehmen. Es braucht Übung und Geduld. Und auch den Mut, diesen Weg weiterzugehen, selbst wenn sich Deine innere Stimme einmal »irrt«!

Bald wirst Du genau spüren, was für Dich stimmt und was nicht. Der Bauch scheint oft als das Zentrum dieser inneren Stimme zu fungieren. Du spürst im Harazentrum, welches ungefähr zwei Finger breit unter Deinem Nabel liegt, die Energien, die Schwingungen der Botschaften Deiner eigenen inneren Stimme, Deines inneren Wesens. Wenn dieser Prozeß beginnt, löst er manchmal Verwirrung aus, denn plötzlich spürst Du tiefer und »weißt« plötzlich, auf einer neuen Ebene Deines Seins, ohne daß Dein Denken involviert ist. Eine völlig neue Dimension beginnt sich so für Dich zu öffnen. Schrecke nicht davor zurück. Im Gegenteil. Heiße sie mit offenen Armen willkommen, auch wenn Dein Denken, Deine Logik, zunächst um Hilfe schreit. Es gibt Dinge, die nicht mit dem Kopf zu erklären sind.

Und eine der machtvollsten, geheimnisvollsten Kräfte der Frau besteht in der Fähigkeit der Kommunikation mit der unsichtbaren Welt und deren Schwingungen.

Ich glaube, es wäre ein riesiger Schritt in Richtung wahrer Heilung, wenn wir Frauen unsere Kräfte auch auf diesem Gebiet wiederentdecken und vor allem auch wieder würdigen könnten. Es lohnt sich, für ein neues, wahrhaftigeres Leben den Schmerz des Loslassens des Unwirklichen auf sich zu nehmen. Auch wenn der Weg zunächst sehr schwer zu sein scheint.

Es geht also um Umkehr, um Rückbesinnung auf die eigene Kraft, auf die Kraft, die uns mitgegeben wurde, um uns selbst zu verwirklichen. Nichts anderes wird Dich befriedigen. Nichts anderes hat die Kraft, Dich zu erfüllen und innerlich heimzuführen.

Die Sprache des Körpers

Beginne jetzt, mehr auf deinen Körper zu hören. (Auch wenn Du seine Zeichen nicht immer sofort richtig deutest!)

Wo und in wessen Gegenwart er sich entspannt und gut anfühlt, wann er sich verkrampft. Beobachte außerdem, wie Deine Gedanken Deinen Körper beeinflussen. Wie sich Traurigkeit und Freude, Nervosität und Gleichmut in Dir manifestieren. Notiere dies in Deinem Tagebuch und lenke während des Tages Deine Aufmerksamkeit immer wieder ganz bewußt auf Deinen Körper.

Dein Körper kann Dir bei der Rückbesinnung auf Dich selbst zum allerbesten Freund werden, wenn Du ernsthaft damit beginnst, auf seine Zeichen zu achten. Sie mögen zuerst sehr subtil sein. Ein leichter Kopfschmerz, der immer in derselben Umgebung, mit denselben Menschen auftaucht... Ein Fuß, der immer wieder umknickt... Halsschmerzen, die nicht weggehen. Verdrängte Gefühle erzeugen oft Bauchschmerzen; die Ablehnung von Sex führt zu Unterleibskrämpfen. Lebensangst und die Unfähigkeit loszulassen verstopfen den Darm. Wir können und wollen nichts loslassen, weil wir uns innerlich »arm« fühlen. Weil wir das Gefühl haben, es sei nicht genug da. Also halten wir alles fest.

Letztes Jahr bekam ich ganz plötzlich Schmerzen in der Schulterkapsel. Ich konnte mich weniger und weniger gut bewegen, und schmerzhafte Spasmen jagten alle paar Minuten meinen linken Arm hinunter. Es wurde nicht besser, und ich war verzweifelt. Auch die Ärzte wußten keinen Rat. Eine Operation schien die einzige Lösung. Das wollte ich jedoch nicht, sondern ging statt dessen dreimal in der Woche in eine chinesische Klinik zur Akupunktur. Nach acht Monaten Behandlung bin ich heute fast ganz geheilt, auch ohne Operation.

In diesen Monaten der starken Schmerzen fragte ich mich immer wieder WARUM? Es kam keine Antwort. Ich sah, wie mein Denken ständig auf die Schuldfrage zurückkam und dennoch gleichzeitig Heilung geschah. Das innere Bild war wieder das des »deutschen Generals« in mir. Der Teil in mir, der immer durchhalten muß und der sich sogar extra Streß erzeugt, wenn nicht genügend vorhanden ist! Ich hatte eine Phase hinter mir, in der ich meiner weiblichen Kraft nicht genügend vertraut hatte, indem ich mein TUN wichtiger genommen hatte als das ERLAUBEN, das Entspannen, das Nichttun. Dieser Streß hatte sich schließlich als Schmerz in meinem linken Arm manifestiert.

Wir alle haben gewisse Streßpunkte im Körper, die irgendwann einmal entstanden sind und jetzt eine Schwäche im Organismus bilden. Zu bestimmten Zeitpunkten, wenn wir uns überfordern, zeigen sich Verspannungen und Belastungen in Form von Verletzungen oder Schmerzen. Diese Symptome wollen Dir etwas sagen! Es ist die Sprache Deines Körpers, die Du mit Geduld verstehen lernen kannst. Ich kenne Menschen, die Hunderte von Mark monatlich für Vitaminpräparate ausgeben und doch keineswegs gesünder sind als andere. »Viel hilft nicht viel…«, wie meine gute Großmutter noch mit 89 sagte, bevor sie sich nach einem völlig gesunden Leben, in dem sie nicht ein einziges Mal krank gewesen war, hinlegte und starb.

Wir glauben, daß unser Körper alles mitmachen muß, was unser Kopf und Ego sich ausdenken. Wir müssen sportlich durchtrainiert sein, wenn wir etwas darstellen wollen. Ein paar Pfund mehr, und wir sind in unseren eigenen Augen Versager. Wir dürfen uns nicht mehr gut fühlen! Unser Körper aber will nicht loslassen. Er will die Pfunde haben, aus welchem Grund auch immer. Er hält eisern daran fest. Auch fasten bringt nichts. Du kannst ihn nicht überlisten. Wenn du hungerst, speichert er danach um so mehr.

Nur du weißt, was dein Körper dir sagen will!

Dein Körper denkt nicht an ein Idealgewicht. Ein Gewicht, das sich in den letzten Jahrhunderten ständig verändert hat. Im frühen 17. Jahrhundert waren die berühmten Rubensfiguren das Schönheitsideal einer Frau. Und auch die Männer waren ebenso lustvoll und rund gebaut. Das heutige Schönheitsideal der flachen Bohnenstange, der »Jungenfigur«, die keinerlei Rundungen hat, hätte damals kein Aufsehen erregt, wohl eher Mitleid und Besorgnis. Und so wandeln sich die Ideen, die Ideale, die Moral, das Denken und damit auch das Bewußtsein.

Doch es gibt nichts, das Dir näher wäre als Dein eigener Körper. Lerne, freudig in ihm zu leben. Dankbar für ihn zu sein. Ihn gut zu behandeln, und nicht aus Gier zu mißbrauchen. Ihn zu pflegen und die Botschaft zu verstehen, die er Dir immer wieder sendet, und seine oft subtilen Veränderungen zu bemerken.

Du brauchst ihn nicht zur Aufgabe seiner Sehnsüchte und Begierden auf ein Nagelbrett zu zwingen, indem Du ihn quälst und zerstörst. Du mußt lernen, gut zu ihm zu sein, seine Weisheit zu ehren. Du solltest sein unermüdliches Wirken liebevoll anerkennen, das Dir ein Leben auf diesem Planeten ermöglicht. Du bist mit ihm bis in die allerfeinste Faser und Zelle verwoben. Du lebst nicht getrennt von ihm, sondern bist eins mit ihm.

Die Botschaft der Träume

Manchmal benutzen Dein Körper und Deine Seele auch den Weg der Träume, um Dir eine wichtige Botschaft zu senden. Träume sind individuell. Kein anderer Mensch kann Deinen Traum richtig für Dich deuten. Das ist das Schöne. Nur Du hast den Schlüssel. Nur Du weißt letztlich, was er Dir sagen will. Dein Traumkörper reist mit Dir des Nachts durch die wundervollsten Welten. Im Traumkörper ist kein Erlebnis unmöglich.

Es gibt drei Hauptkategorien von Träumen.

ERSTENS:

Deine Alltagsträume. Das sind Träume, die sich meist nur aus Fetzen und Bruchstücken Deines Alltags zusammensetzen. Dein Traumkörper erledigt im Schlaf Dinge, die Du im Wachbewußtsein noch nicht bewältigt hast. Du durchlebst Situationen, in denen Du völlig frei bist von allen mentalen und kulturellen Hemmschwellen. Deine Sehnsüchte können sich ungehindert ausdrücken. Du kannst nichts verstecken oder zurückhalten. Besonders im REM-Zustand (Rapid Eye Movement), in dem Du besonders intensiv träumst, löst Du gewissermaßen Deine Probleme im Schlaf.

In solchen Träumen, die oft bis zu 40 Minuten andauern können, erlebst Du Dich in einer ganz anderen Dimension. ALLES ist möglich. Du tust Dinge im Traum, die Du im Wachbewußtsein ablehnen würdest. Entweder weil Du Angst hast, oder weil Deine Moralvorstellungen sie verbieten. Aber im Traum hast Du keine Kontrolle über Dein Handeln. Du spürst, was Du spürst. Alle unterdrückten Gefühle bündeln sich im Traum und brechen dann mit unvermuteter Wucht heraus. Du erwachst deshalb manchmal verwirrt. Und besonders dann, wenn Du Dich nicht an Deinen Traum erinnern kannst. Oder weil sich während des Schlafes nicht alles auflösen konnte. An solchen Tagen brauchst Du mehr Zeit, um richtig wach zu werden. Nimm sie Dir.

Ich litt fast vier Jahre lang im Traum an der Trennung von meinem Partner. Fast jede Nacht erschien er mir im Traum. Jeder Traum spiegelte haargenau die äußere Lage wieder. So litt ich jetzt nicht nur am Tag, sondern auch in der Nacht. Ich hatte morgens keine Kraft, irgend etwas zu tun. Und mir graute vor den Nächten. Aber da ich schlafen mußte, ergab ich mich dieser Notwendigkeit. Ich begann wieder, ein Traumtagebuch zu führen. Es half, weil ich auch meinen Schmerz herausschrieb.

Diese Träume ließen erst nach drei Jahren langsam

nach. Ich erinnerte mich immer weniger an sie. Die Gefühle, die sie hervorriefen, waren nicht mehr so durchtränkt von tiefstem Leid. Ich bekam Abstand und konnte mich schließlich von meinen Phantasien lösen. Mein Traumtagebuch, das mir besonders in Übergangssituationen immer von großem Nutzen war, da sich die Träume sowie die gesamte Traumqualität zu wiederholen schienen, wenn im äußeren Leben ähnliche Situationen auftraten, wurde so zu meinem hilfreichsten Begleiter.

ZWEITENS:

Die Träume, welche noch aus Deiner Vergangenheit einwirken. Botschaften, die »realer« sind, aber sich ebenso mit unerledigten Dingen oder Problemen und Menschen beschäftigen. Wenn Du zum Beispiel träumst, daß Du Deinem Vater oder Deiner Mutter vergibst, zeigt das eine innere Bereitschaft dazu an, ihnen auf der Ebene des Wachbewußtseins ebenfalls zu vergeben. Selbst wenn Dir dies noch nicht voll bewußt ist. Wenn Du davon träumst, daß Du jemanden am liebsten umbringen würdest, zeigt das eine sehr dringliche, unerledigte Situation, die nach Klärung verlangt. Es kann aber auch sein, daß Du die Energie gegen Dich selbst richtest und am liebsten gewisse Aspekte in Dir selbst »auslöschen« würdest.

Träume aus der Vergangenheit spiegeln unsere tiefsten unerfüllten Sehnsüchte und Wünsche wider. Oft geht es darin um Menschen, die sich aus Deinem physischen Umfeld entfernt haben. Du schaffst Situationen, in denen diese Menschen immer wieder auftauchen, um Dir bei Deiner inneren Heilung zu helfen. Du schaffst ein Szenario mit allen notwendigen Mitspielern, damit Du Deine ungelebten Phantasien ausleben und Dich dann von ihnen lösen kannst. Das geht oft in Etappen vor sich. Sozusagen Stück für Stück, oder Traum für Traum. Je mehr es Dich innerlich bewegt, desto öfter träumst Du ein heilendes Traumstück. Wie in einem Film, der viele Folgen hat.

DRITTENS:

Träume, die aus einer möglichen Zukunft kommen. Visionen eines neuen Lebens. Deutliche Botschaften in symbolischer Sprache. Eine deutlich erkennbare bevorstehende Wandlung ins Ungewisse. Wundervolle Landschaften, die Du noch nie gesehen hast, die Du Dir niemals vorstellen konntest, mit phantastischem Licht, in den herrlichsten Farben. Gefühle einer unbeschreiblichen inneren glückseligen Freiheit und Leichtigkeit. Du erwachst mit einem »positiven« Lebensgefühl! Du schwebst durch den Tag. Deine Füße berühren kaum den Boden. Ein neuer Lebenssinn beginnt sich zu offenbaren.

Diese Träume und Visionen haben ihren Ursprung meiner Erfahrung nach in der Astralebene. Während die Träume der Vergangenheit der mentalen Ebene oder dem Gedächtnis entspringen, kommen diese Träume aus den Dimensionen der transzendentalen Welten. Sie beschäftigen sich mit den höheren Schwingungen, den schnelleren Schwingungen in Dir. Es geht in ihnen nicht um das Alltagsbewußtsein. Sie sind immer Boten einer auf Dich zukommenden, tiefgreifenden inneren Transformation. Sie gehen über die weltlichen Sphären hinaus. In ihnen nimmt Zeit eine völlig andere Bedeutung und Form an.

Es ist gut, wenn Du Dich am Morgen zumindest an einige Traumfetzen oder Gefühle Deiner Träume erinnern kannst. Es ist auch gut, noch einige Minuten still liegenzubleiben und die Erinnerungen und Bilder noch einmal innerlich vorüberziehen zu lassen, um die Botschaften zu »erspüren«, bevor Du aufstehst.

Manche Träume begreift man erst nach Jahren, nach einer langen Zeit der Reifung. Doch darüber muß man sich nicht grämen, denn das Verständnis kommt immer im rechten Augenblick. Ich »erträumte« manchmal haargenau den Ausgang von Situationen, die weit in der Zukunft lagen. Dann vergaß ich den Traum und wurde erst dann wieder an ihn erinnert, als das Besagte wirklich eintraf.

Vor vielen Jahren, als ich noch auf Sizilien lebte, lud ich meinen Bruder zu Besuch ein. Er sagte zu, hatte vorher aber noch etwas zu erledigen ... Ich wartete ... Einige Tage später, als immer noch keine Nachricht von ihm gekommen war, hatte ich folgenden Traum: Ich sah ihn im Zug nach Sizilien fahren, aber er stieg plötzlich einige Stationen zu früh aus. Ich rief: »Nicht hier! Fahr weiter!« Dann verschwamm das Bild ...

Am nächsten Tag kam ein Telegramm. Mein Bruder war tot. Ich brach zusammen. Ich weinte fast ununterbrochen eine volle Woche lang. Warum war er nicht sofort gekommen ... Dann erschien er mir wieder im Traum. Er sah jung und fröhlich aus. Ich fragte: »Manfred, wo bist Du, wo kann ich Dich finden?« Er lächelte und antwortete, daß ich zuerst aufhören müsse zu weinen, da er sonst keine Ruhe finden könne, und wenn ich ihn suchte, sei er immer in der großen »Halle«.

Als ich später in Indien lebte und jeden Abend in der riesigen Buddhahalle zur Meditation saß, dachte ich oft an ihn. Ich blickte suchend in jedes Babygesicht ... vielleicht war er wiedergekommen und war hier mit mir in dieser Halle ...

Vor einiger Zeit hatte ich eine Klientin, deren Mann Alkoholiker war, sie regelmäßig schlug und in der Öffentlichkeit anpöbelte. Sie wußte nicht mehr, wie sie sich verhalten sollte, und war verzweifelt. Sie hatte nicht die Kraft, sich von ihm zu trennen, und sie wollte ihn nicht im Stich lassen. Innerlich kochte ich oft selbst manchmal vor Wut während dieser Sitzungen und mußte mich sehr beherrschen, da ich mich durch ihr Erleben ebenso gefangen fühlte wie sie. Ich sagte ihr schließlich, daß sie endlich lernen müsse, sich zu verteidigen. Aber ich war mir nicht sicher, ob dies wirklich der richtige Weg war. Mein Gefühl sagte seltsamerweise nein. Deshalb bat ich sie, mir einen ihrer sich wiederholenden Träume zu erzählen. Sie berichtete mir, daß sie in letzter Zeit immer wieder denselben

Traum hatte: Eine Stimme sagte ihr ganz eindringlich, daß sie nicht gegen ihren Mann ankämpfen solle.

Also beschlossen wir, diesen Rat zu befolgen. Während einer unserer nächsten Sitzungen berichtete sie mir, daß ihr Mann in der Zwischenzeit – nicht lange nach unserem letzten Gespräch, in dem wir vereinbart hatten, daß sie ganz passiv bleiben würde – aus »Versehen« das Haus niedergebrannt hatte und dann ganz plötzlich gestorben sei. Sie erbte daraufhin überraschenderweise Geld und fand kurz danach einen sehr netten Mann, der sie gut behandelte und den sie kurze Zeit später heiratete.

Ich bin seitdem sehr vorsichtig mit Ratschlägen, wenn ich nicht vorher mit dem Traumselbst des Menschen Kontakt aufgenommen habe. Wenn es um ganz wichtige Botschaften geht, sind auch unsere Träume überdeutlich. Dann muß nicht viel gerätselt und interpretiert werden, dann sind sie klar, auch auf der Gefühlsebene. Dann brauchen wir keinen Übersetzer für unsere Psyche, die nur wir selbst wirklich kennen. Nicht alle Träume bedeuten für jeden Menschen dasselbe. Sie variieren von Mensch zu Mensch. Das Wort und das Bild »Baum« beispielsweise bedeuten nicht für jeden dasselbe. Und Wasser, obwohl seit ewigen Zeiten mit Gefühlen in Verbindung gebracht, kann auch etwas ganz anderes bedeuten.

Wenn Du die Botschaft eines wichtigen Traumes verstehen willst, kannst Du Dich von anderen inspirieren und informieren lassen. Aber Du wirst letztlich die wahre Bedeutung nur in Dir selbst finden.

Und nur wenn Du sie in Dir selbst findest, hat ihre Aussage die rechte »Schwerkraft.« Ist sie erfüllt von der Bedeutung, die für Dich sinnvoll ist.

Übung: Heilmeditation für Frauen

Diese Übung machen wir im Stehen. Suche Dir einen Platz, an dem Du bequem eine halbe Stunde stehen kannst. Die beste Zeit ist der Sonnenauf- oder -untergang.

Mit halbgeschlossenen Augen in die Sonne blickend, stehst Du ganz entspannt und locker auf dem Boden. Du erdest Dich, indem Du beide Beine und vor allem die Knie locker läßt und sie leicht beugst.

Dein Rumpf und Oberkörper ruhen gerade auf Deinem Becken.
Deine Arme hängen entspannt zu beiden Seiten Deines Körpers, oder Du kannst Deine Hände auch vor dem Bauch zusammenlegen.

Zunächst atmest Du tiefer durch
und läßt die verbrauchte Energie abfließen ...
Mit jedem neuen Atemzug
nimmst Du frische Energie in Dich auf.
Du beobachtest Deinen Atem, bis er still und fein wird
und zur Ruhe kommt.

Du kannst Deine Augen jetzt vollkommen schließen ...

Laß Deine Aufmerksamkeit
nun liebevoll durch Deinen ganzen Körper gehen ...
wie ein warmes, weiches Licht,
das Dich heilend berührt.

Beginne mit Deinem Gesicht.
Bedanke Dich bei Deinen Augen,
weil sie für Dich die Fenster zur Welt sind.

Deine Ohren sind die Pforten aller Töne
und Laute, der Stimmen, der Musik des Lebens,
Sag Dank!

Deine Lippen formen Worte, die heilen können ...
Bedanke Dich.

Mit Deiner Nase nimmst Du die Düfte der Blüten auf ...
den Atem des Meeres, den Geruch des Waldes ...
Bedanke Dich.

Laß nun Deine Aufmerksamkeit weiterfließen ...
Zu Deiner Brust, der Quelle der Nahrung für neues Leben.
Zu Deinem Bauch, dem Mutterleib der Schöpfung.
Bedanke Dich!

Zu Deinen Organen, die so treu in Dir wirken
und Dich am Leben erhalten.
Bedanke Dich!

Mit Deinen Armen kannst Du Liebe und Geborgenheit
schenken,
mit Deinen Händen Dein Herz zeigen.
Bedanke Dich!

Deine Beine tragen Dich durch die Welt.
Sie laufen, tanzen und springen.
Mit Deinen Füßen berührst Du die Erde, unsere Mutter.
Sag Dank!

Fühle, wie eine neue Art der Vitalität
in Deinen Körper einströmt ...
Eine neue, liebevollere Schwingung.

Spüre, wie eine warme, weiche, helle Kraft
durch Deinen ganzen Körper pulsiert,
wie Du von innen her zu heilen beginnst.

Wie all Deine Zellen durch Deine tiefe Dankbarkeit
für Dein Leben
noch lebendiger in Dir tanzen und vibrieren!

Jetzt laß auch Deine Gefühle zu Dir kommen,
und bedanke Dich bei ihnen.
Ganz gleich, um welche Gefühle es sich handelt.
Ob Ärger und Wut, Selbstablehnung oder Hilflosigkeit,
Eifersucht oder Neid.

Gib ihnen denselben Dank wie Deinen schönen Gefühlen.
Sei weich und offen,
fühle ihr Leid und löse es mit Deiner Liebe auf.

Laß nun Dein Bewußtsein noch etwas weiter werden
und schließe auch andere Menschen und Wesen mit ein.

Beginne auch das Leid anderer zu fühlen
und zu erkennen, daß die Abgetrenntheit,
der Gedanke des Getrennt-Seins das Leid verursachen.

Hab Mitgefühl mit den Lieblosen,
die innerlich um Liebe ringen.
Berühre ihren Schmerz mit Deiner Liebe,
damit auch sie heilen.
Fühle das Herz des Lebens in allen Wesen schlagen.
Bedanke Dich.

Indem Du Deine eigene Heilung erlaubst, hilfst Du auch anderen Menschen, den Mut zu ihrer eigenen Heilung zu finden. Indem Du Dir selbst den Raum gibst, den Du brauchst, um gesund und froh zu sein, lernst Du auch, anderen Menschen diesen Raum zu geben.

Fünfter Schritt

Old-Age-Enttäuschungen und New-Age-Illusionen – Der Guru und die weibliche Kraft – Ich bin mein eigener Meister – Die Suche nach einem neuen Sinn – Übung: Die inneren Knoten lösen …

Old-Age-Enttäuschungen und New-Age-Illusionen

Das rosige New Age der sechziger und siebziger Jahre gibt es nicht mehr. Es mußte seine Ideale der überwältigenden Realität einer tief versteckten, doch langsam immer bewußter werdenden, kalten Überlebensangst opfern und sich vor Kali Yuga, dem Zeitalter der weltweiten Zerstörung der Natur, der rigorosen Wandlung und plutonischer Transformation beugen. Die ersehnten Raumschiffe sind nicht gelandet, die Astralreisen wurden langweilig, und das Schürfen in vergangenen Leben ist auch aus der Mode gekommen.

Die Rosenblätter sind verwelkt… Die Farben verblaßt… Die Blumenkinder haben graue Haare und surfen jetzt im Internet. Keiner nimmt Dich mit, wenn Du an der Straße stehst… Kein Wagen hält mehr. Die Menschen haben Angst voreinander.

Gewalt ist überall. Alle acht Minuten wird irgendwo auf der Welt eine Frau vergewaltigt. Was sagt uns das? Das Weibliche, die weibliche Kraft, wird vergewaltigt. Von unseren Traditionen, Kirchen oder Religionen ist dabei wenig Hilfe zu erwarten. Und obwohl vom Intellekt her eigentlich jeder wissen sollte, daß es natürlich gute und wichtige Unterschiede zwischen der männlichen und weiblichen

Kraft gibt, so muß doch letztere immer noch für ihre »Weiblichkeit« büßen. Seit Jahrtausenden erschallt die Stimme der Anklage gegen das Weibliche bis auf den heutigen Tag.

Doch Du hast die Möglichkeit, aus diesem Alptraum zu erwachen, Dich zu Dir selbst zu bekennen und Dich innerlich ein für alle Mal von der verherrlichten Tradition der »Erbsünde« zu trennen, die uns Frauen auf Ewigkeit den Schwarzen Peter zuspielen will. Das Weib als die Personifikation der Sünde und des Teufels ist eine Lüge des patriarchalischen Geistes. Du kannst Dich freiwillig und ganz bewußt von den Religionen und Glaubensrichtungen trennen, die Frauen noch immer als minderwertig ansehen und seit Jahrtausenden entsprechend behandelt haben. (Noch immer beinhaltet zum Beispiel das jüdische Gebet den Dank an Gott, in diesem Leben nicht als Frau geboren zu sein!) Du trennst Dich von diesen grausamen, ungerechten Dogmen, weil sie Deine innere Heilung nicht unterstützen, sondern seit Urzeiten untergraben!

Das Dreieck Gott, Heiliger Geist und Jesus Christus muß im neuen Jahrtausend zu einem Viereck werden und endlich auch die weibliche Kraft in Form von Mutter Maria einschließen, wenn unsere Gesellschaft geistig und moralisch gesunden und überleben soll. Denn ohne Maria keine Geburt. Ohne Maria, die Mutter, kein Jesus.

Traditionelle Ideen darüber, wie Frauen leben sollten, auch worin ihre Aufgaben bestehen, wie sich Weiblichkeit manifestieren muß, was und wie Frauen fühlen dürfen, haben ihren Reiz endgültig eingebüßt. Man kann nichts wahrhaft und ehrlich aufrichtig unterstützen, was die eigene Menschenwürde untergräbt. Auch nicht aus Angst. Denn mit einer solchen Lüge, die Du nur aus Angst aufrechterhältst, kannst Du auf die Dauer nicht leben.

Es ist eine Lehre des Wahnsinns, die tiefe seelische Wunden hinterlassen hat und noch immer hinterläßt, welche die weibliche Partnerin, die Frau und Mutter, die Kinder zu gebären und großzuziehen hat, der »sündhaften Körperlichkeit« bezichtigt. Und ihr als ewiges Mahnmal des »Reinen« und »Guten« eine sogenannte makellose, weil sexlose Zeugung als Warnung vor die Nase setzt. Die Demütigungen sind alt, uralt. Einmal aufgespürt, verlieren sie ihr Gift und geben bloß noch die Hilflosigkeit ihrer Urheber preis. Wer sich solche Geschichten ausdenken muß, um Macht über einen Teil der Schöpfung zu gewinnen, ist schwach, ist herzlos, ist unmenschlich, ist ohne jedes Bewußtsein.

Jeder Mensch muß für sich selbst herausfinden, womit er leben kann. Ich sage niemandem, daß er aus der Kirche austreten soll, obwohl dies bei Erreichung der Volljährigkeit mit 21 Jahren mein erster Akt war. Jeder Mensch muß sehen, mit welcher Lüge er leben kann und mit welcher nicht.

Wahrscheinlich hatte ich nur etwas mehr Glück als andere, weil ich den Religionsunterricht des öfteren schwänzte und lieber im Wald spazieren ging, dort, wo ich Gott für mich allein finden konnte. Die Idee eines »Vermittlers« war mir schon als Schulkind unglaubwürdig. Warum benötigte so ein übermächtiges Wesen einen Vermittler? Es konnte doch direkt und überall gleichzeitig sein. Die Geschichten des Katechismus ergaben schon damals keinen Sinn für mich. Einige Samen der Angst wurden trotzdem gesät. Sie kamen später mit sechzehn in der Angst zum Ausdruck, mich aus Versehen in einen katholischen Jungen zu verlieben, anstatt in einen evangelischen.

Aber besonders für Frauen ist es wichtig, nichts zu unterstützen, was in Wirklichkeit die eigene Mentalität und den eigenen Selbstwert untergräbt.

Laßt uns nicht vergessen, daß über 52 Prozent der Weltbevölkerung weiblichen Geschlechts sind.

Dies ist eine der spirituellen Gratwanderungen, die jeder Mensch in seinem Leben allein unternehmen muß. Jeder muß seine eigene Wahrheit finden. Aber solange die Angst und der Glaube an einen zornigen Gott vorhanden sind, sollte man besser stillhalten und noch nicht über den Zaun in die Freiheit zu springen versuchen. Es ist besser, zuerst seinen eigenen Glauben genauestens zu untersuchen und zu sehen, ob er auf Angst oder auf Liebe beruht.

Wenn er auf Angst beruht, wenn Du nur aus Angst heraus »glaubst«, dann befreie Dich so schnell Du kannst von diesem sogenannten Glauben.

Wenn er auf Liebe beruht, bist Du auf dem richtigen Weg.

Dann wirst Du weder Dir noch anderen damit schaden. (Außer Du wirst plötzlich fanatisch und glaubst, daß nur Dein Glaube der richtige ist!)

TUE NIE ETWAS NUR AUS ANGST! (Auch wenn Du große Angst hast.)

Wie willst Du innerlich vor Dir bestehen, wenn Du Deine Seele und Dein Herz aus Angst verkaufst? Wer wird Dir glauben, wenn Du nicht an Dich selbst glaubst? Liegt es nicht wirklich jetzt ganz an uns, mit diesem Unfug aufzuräumen? Uns wirklich auf uns selbst und unsere Kraft zu besinnen und innere Heilung zu erlauben? Uns selbst endlich wiederzugebären? Wer sonst wird dies für uns tun? Wer wird für uns eintreten, wenn nicht wir selbst? Wir sind es, die sich aus dem Netz eines angstvollen Denken, in dem es immer einen Feind geben muß, ausklinken müssen. Wir dürfen die Lügenmärchen über weibliche Minderwertigkeit und die Schändlichkeit der sexuellen Energie, die uns von unseren geschichtlichen Traditionen und Religionen aufgezwungen worden sind, nicht mehr an unsere Kinder weitergeben, wenn wir geistig gesunde Erwachsene großziehen möchten!

Das New Age hat uns viel versprochen, aber nicht viel gehalten, zumindest nicht nach außen hin. Siehe UNO. Wieviele Frauen sind heute dort vertreten? Die Antwort spricht für sich. Es sollte zwar die Hälfte sein, doch es sind nicht einmal 5%. Der Glaube an die fundamentale Minderwertigkeit der Frau und alles Weiblichen, die Natur eingeschlossen, existiert nach wie vor. Kitzle einen sogenannten New-Age-Mann, und was findest Du darunter? Probiere es selbst aus. Ich sehe und fühle immer wieder – ganz subtil, aber doch für mich offensichtlich – das gönnerhafte Händchen, das dem Liebchen tröstend über die Locken streichen muß, weil es eben doch kleiner und hilfloser ist. Vielleicht ist dies jedoch unser beider Hilflosigkeit, das Nicht-mehr-wissen, wie wir nach all den zugefügten Schmerzen und Vorurteilen miteinander umgehen sollen.

Was mich stört an der Geschichte, sind die Millionen von Frauen, die buchstäblich täglich in ihrem Beruf in den Seilen hängen, um sich ein Fetzchen Menschenwürde zu bewahren. Die dann nach Hause kommen und sich einer neuen Runde des Wahnsinns stellen müssen, immer noch innerlich unerkannt, ungeachtet und damit ungeliebt, sowohl von sich selbst als auch von den anderen. Diesen Teufelskreis gilt es zu brechen. Wo immer wir uns befinden, besteht unsere Hauptaufgabe darin, wach zu werden, ungeachtet der damit verbundenen Unbequemlichkeiten. Wie lange wir in unguten Situationen verharren, die uns unserer Kraft und Lebenslust berauben, liegt an dem, was wir glauben. Wenn Du die Situation auch für Dich als Weckruf nutzen kannst, gut. Wenn Du glaubst, daß es Dein Karma ist, daß Du jetzt so lange leiden mußt, schade.

Denn wer weiß, wann Du ausgelitten hast?
Wer weiß genau, ob es unausweichliches Karma ist?
Könnte dies nicht ebenso eine Illusion sein?
Was hält Dich also wirklich?
Wem schuldest Du Dein Leben?
Schreibe diese Namen in Dein Tagebuch.
Schreibe auf, warum Du nichts verändern kannst oder willst!

In Wirklichkeit gibt es keinen Zwiespalt.

Wir haben mehr Macht, als wir glauben, deshalb mißbrauchen wir sie. Auch unbewußt. Wir haben die Macht, unser Leben zu zerstören. Und wir haben die Macht, es erblühen zu lassen. Wir haben die Wahl.

Viele Männer haben auch heute noch immer nicht ganz begriffen, daß die alten Zeiten der dominierenden Herrschaft durch Gewalt vorüber sind. Zwar werden nach wie vor viele Frauen von ihren Ehemännern geschlagen und emotional gedemütigt, aber es geschieht zumindest in der westlichen Welt nicht mehr in aller Heimlichkeit. Die Welt schaut zu! Die Welt weiß jetzt mehr denn je, was geschieht. Und je mehr Frauen sich trauen, die Schweigepflicht zu brechen, desto schneller kann solchen brutalen Männern das Handwerk gelegt werden.

Es gibt keine Entschuldigung für körperliche oder seelische Mißhandlung!

Sobald sich eine Frau innerlich dazu durchgerungen hat, eine solche Situation zu verlassen und die Selbstdegradierung nicht weiter schweigend zu ertragen, beginnt die Wandlung, beginnt ein neues Leben. Ich habe auf meinem Weg viele Frauen getroffen, deren Ehen auseinandergingen, als die Frau sich für ihr spirituelles Leben zu interessieren begann. Dieses »Einstehen für sich selbst« machte sie stärker und selbstbewußter. Manchmal besserten sich dann die ehelichen Beziehungen, weil die Frau endlich den Mut fand, sich auch ihr eigenes, individuelles Leben zuzugestehen. Aber oft gingen sie bei einer solch tiefgreifenden Wandlung des einen Partners auch auseinander. Wenn der Mann den spirituellen, inneren Veränderungen der Frau nicht folgen kann, findet meist eine Trennung statt. Und umgekehrt gilt dasselbe. Die Qualen solcher Trennungen sind groß, denn wir wollen den Partner nicht im Stich lassen.

Du mußt eine Entscheidung treffen. Denn die Suche hat begonnen, und Du kannst nicht mehr zurück in ein Leben mit Scheuklappen. Du mußt vorwärts gehen. So weh es tut, die Vergangenheit zurückzulassen, es muß sein, wenn

Du mit Dir selbst ehrlich bist und nicht zur Heuchlerin werden willst.

Manche Menschen legen sich erklärende Geschichten dafür zurecht, warum sie trotzdem nichts verändern dürfen …

Weil sie so sehr gebraucht werden …
Weil sie wirklich unentbehrlich sind …
Weil sie Angst haben, daß sich der Partner etwas antut …
Weil sie schon so lange zusammen sind …
Weil Gott es so will …
Weil sie Rücksicht nehmen müssen …
Auf wen?
Jedenfalls nicht auf sich selbst!

In den meisten Fällen sind es die Männer, welche die Veränderungen ihrer Frauen nicht begreifen können. »Sie haben doch alles. Was wollen sie noch mehr? Was suchen sie? Was soll der Unsinn!«

Doch die verbale Kommunikation reicht nicht mehr aus und ist von zunehmenden Störfaktoren und sich widersprechenden Signalen durchzogen. Direktes Verstehen ist damit ausgeschaltet. Der Widerstand verstärkt sich. Die Frau flieht noch mehr nach innen. Sie vergräbt und versteckt sich, um das neue Wissen, die Vorahnungen ihrer Transformation, nicht zu gefährden. Sie braucht die innere Ruhe, um bei sich zu bleiben und die Kraft für einen Durchbruch zu speichern. Dies wiederum verstärkt den Widerstand im Mann. Er spürt, wie ihre Energie für ihn nicht mehr bedingungslos »greifbar« ist. Auch er zieht sich nun wie ein verwundetes Tier zurück. Die Frau bekommt Schuldgefühle. In einer solchen Situation sind Menschen, die gerade ähnliche Entwicklungsphasen durchlebt haben, eine unendlich wertvolle Hilfe.

Das New Age hält einen stetig wachsenden Markt an spirituellen Entwicklungshilfen für uns bereit. Angebote, die uns inspirieren und helfen oder auch behindern können. Es kommt ganz darauf an, wie Du damit umgehst. Natürlich wird jeder Sucher zunächst in einem Wirrwarr von Angeboten den einen Satz oder das eine Zeichen suchen, das ihn anspricht, inspiriert und sein Herz berührt. Und dies mag ein ganz wichtiges Kriterium sein, denn es ist ein Leitfaden zum Wahren hin. Was nur den Kopf anspricht, kann auf die Dauer nicht weiterhelfen. Denn im Herz, im Herzzentrum liegt die Energie, liegt die Möglichkeit für ein erfülltes Leben, nicht im Kopf. Unser Verständnis muß existentiell werden, um echte Lebenskraft auszustrahlen. Mit anderen Worten: Es braucht viel Kraft, sich selbst weiter zu belügen, und es braucht um so mehr Kraft, aufzuwachen.

Irrwege der »spirituellen Unterhaltung« nenne ich jene Produkte, die Dich nur tiefer in Deinen Schlaf hüllen, indem sie Dir Deine jetzige Lebenssituation noch schmackhafter machen. Und es sind nicht nur die Produkte. Es sind auch Menschen, die in dieser Branche ihr gefundenes Fressen sehen. Seitdem es nicht mehr schick ist, nur dem Geld nachzujagen, muß ein neues Ziel her. Was gibt es Ehrenvolleres, als ein spirituelles Leben zu führen und dann natürlich auch gleich andere dazu zu bekehren? Mir ist ein echter Materialist lieber als ein falscher Spiritueller. Die Energie hinter seinen Handlungen, nämlich Gier, bleibt dieselbe. Er lebt immer noch vollkommen aus seinem Ego heraus, nur jetzt mit der spirituellen Karotte vor Augen. Er ist Meister im Phantasieren. Immer noch geht es darum, mehr zu bekommen, mehr zu haben, also um mehr Ego. Er ist Opfer seiner eigenen inneren und äußeren »spirituellen Unterhaltung« geworden, oft ohne es selbst zu bemerken, da er weder die Zeit noch die Geduld hatte, wirklich einmal stillzuhalten und nach innen zu schauen.

Menschen, die alles besser wissen, mischen sich deshalb liebend gern in das Leben anderer ein. Sie wollen sie »retten«. Sie wollen, daß sie aus ihren Fehlern nicht lernen dürfen, da sie sie gar nicht erst begehen sollen. Sie wollen das Leben anderer regeln, weil es für sie besser und vor allem »richtiger« ist. Sie setzen sich auch deshalb liebend gern für bestimmte hochemotionale Themen ein, weil sie ihnen wieder mehr Lorbeeren bringen für das ständig hungrige »spirituelle Ego«.

Aber wie gefährlich solch emotional beladene Themen sind – zum Beispiel das der Abtreibung und vor allem der rechtzeitigen Verhütung –, macht sich gerade in der Masse von solch »gleichgesinnten«, aber leider völlig bewußtlosen Menschen bemerkbar. Anstatt auf ihr eigenes Leben zu achten, wollen sie das Leben anderer bestimmen. Unter dem Deckmantel des sogenannten Guten und Religiösen finden daher oft die brutalsten Einmischungen und Grausamkeiten statt. Die Blindheit solcher Menschen ist teuflisch.

In Idaho zum Beispiel darf eine Frau auch dann nicht abtreiben, wenn sie vergewaltigt wurde. Sie muß das durch Gewalt gezeugte Kind gebären, sonst muß sie bis zu fünf Jahre ins Gefängnis! Der Staat vergewaltigt sie damit gleich zum zweiten Mal. Wenn Du tiefer hinter diese Larve der »Lebensrettung« siehst, erkennst Du die Lüge. Diese Menschen, die andere zu einem solchen Los zwingen wollen, sind in Wirklichkeit völlig herzlos und blind. Sie agieren aus Angst, nicht aus Mitgefühl. Sie hassen natürlich auch Sex, denn sie sind ebenfalls gegen eine vernünftige Art der Verhütung. Und all dies geschieht weltweit unter dem Deckmantel der sogenannten Spiritualität, der verlogenen »Ehrfurcht vor dem Leben«. Es ist ein Hohn. Jährlich sterben mehr als 600 000 Frauen an fehlgegangenen Abtreibungen ungewollter Schwangerschaften.

Menschen, die sich aus solch scheinheiligen Gründen in Dein Leben einmischen wollen, sind völlig unbewußt, sie reagieren wie programmierte Automaten. Sie haben nicht das Gute im Sinn, obwohl sie selbst es gern so sehen möchten. Sie sind die »Besseren«, deren Aufgabe es ist, die anderen zu retten. Und so spielt jeder seine Rolle, und die Konsequenzen sind furchtbar. Das engstirnige Bewußtsein eines Menschen kann für andere ein Todesurteil sein. Im geistigen Bereich über seine Mitmenschen zu urteilen, sich einmischen zu wollen und sie als »niedriger« in ihrer Entwicklung anzusehen oder als »weniger wert«, das ist die wirkliche Sünde.

Es ist deshalb an der Zeit, daß sich alle Frauen der Welt gegenseitig in ihrem jahrtausendealten Kampf um ein menschenwürdiges Dasein und Respekt unterstützen. Geistige und körperliche Gesundheit müssen an erster Stelle stehen. Wir müssen verstehen lernen, was wir den Frauen und damit der Welt antun, wenn so viele unerwünschte Kinder geboren werden. Die Verantwortung dafür ist untragbar. Außerdem sollte man sich auch einmal vor Augen halten, daß Männer schließlich die Kinder zeugen! Es müßten also die Männer sein, die sich hauptsächlich um eine gesunde Verhütung bemühen sollten.

Ein Mensch, der wirklich an sich arbeitet, besitzt Demut. Er besteht nicht darauf, andere zu beurteilen, denn er beginnt, seine eigenen Grenzen wahrzunehmen und zu akzeptieren. Er ist dabei, sein Herz zu öffnen und sich nicht mit trivialer spiritueller Unterhaltung zufriedenzugeben. Er streitet nicht um spirituelle Dinge. Er möchte tiefergehen, sich wirklich kennenlernen, um sein Selbst und das Selbst anderer Menschen nicht weiter zu bekämpfen, sondern es lieben zu lernen. Er will seinen eigenen Weg und damit seine eigene Wahrheit finden. Und es gibt so viele Wege und Wahrheiten, wie es Menschen gibt.

Deshalb kann uns der sogenannte »wahre Weg« eigentlich von niemandem gezeigt werden. Vielleicht kann Dir jemand die Richtung andeuten ... aber gehen mußt Du ihn selbst. Ein paar Hilfen mag es wohl geben, aber danach liegt es an Dir, dann bist Du allein. Wenn Du ihn wahrhaftig und mit ganzem Herzen gehst, ist es Dein Weg. Du kannst Dich mit Spielzeug zufriedengeben und Dich einlullen lassen, oder aber den schwierigen Weg des Erwachens beschreiten, der immer mit Schmerz verbunden sein wird, da es weh tut, sich in aller Nacktheit vor sich selbst zu enthüllen. Es tut weh zu sehen, wie man in der Vergangenheit gehandelt hat und es noch immer tut. Es schmerzt, die eigene Unzulänglichkeit rückhaltlos zu erkennen.

SPIRITUALITÄT BEDEUTET ERWACHEN!

Denn es geht nicht mehr darum, Träume und Wünsche, also zusätzliches Karma, anzuhäufen, sondern aus dem metaphysischen Schlaf, den wir »Leben« nennen, zu erwachen. Geht es uns einmal schlecht, ist gleich das vergangene Leben mit seinem Karma schuld. Für alles gibt es Erklärungen, für alles suchen wir nach logischen Gründen. Wir tun gut daran, diese so handlichen Erklärungen einmal in aller Stille und ganz für uns selbst etwas genauer zu untersuchen.

Einfacher und bequemer ist es natürlich weiterzuschlafen. Weiterzuträumen, jetzt spirituell angehaucht und nicht mehr »weltlich« gefärbt. Auf diese Weise kannst Du Dich lange ganz wunderbar selbst belügen, wenn Du nicht begreifst, daß es nicht genügt, nur die Spielzeuge zu wechseln und sich mit Second-Hand-Erklärungen zufriedenzugeben. Deshalb ist der wahre Weg zunächst nicht sonderlich verlockend. Denn auf diesem Weg mußt Du letztlich alles hinter Dir lassen.

Und wer will das schon?

Ich verstehe den Andrang auf alle New-Age-Illusionen, die sofort und unmittelbar auf unsere Seele wirken sollen. Aber da es viel Zeit und Arbeit braucht, wirklich etwas zu verstehen und zu lernen, und da es den wenigsten von uns vergönnt ist, aus der Trance unseres Alltags von einem Moment auf den anderen zu erwachen, reizt die Verlockung der spirituellen Unterhaltung sehr. Sie gibt uns das Gefühl, daß wir langsam aber sicher sozusagen ganz von selbst »spiritueller« werden, besser, vollkommener, perfekter, ohne uns auf die echte, innere Suche einzulassen, ohne uns selbst wirklich kennenzulernen. Aber irgendwann müssen wir alle beginnen, irgendwo müssen wir unseren neuen Lebenssinn hernehmen. Müssen ihn entweder selbst mühevoll aus uns herausgraben, ihn selbst verdauen, ihn zu unserer geistigen Nahrung werden lassen, oder aber fertigverpackt auf dem New-Age-Regal finden und munter in uns hineinstopfen.

Der Guru und die weibliche Kraft

An diesem Punkt tritt oft ein spiritueller Meister oder eine Meisterin in unser Leben. Wir schaffen uns auch im Äußeren, was wir im Inneren brauchen. Wenn wir das Leben und auch unseren inneren Meister tatsächlich annehmen könnten, müßten er oder sie keine physische Form annehmen. Eine solche Begegnung kann zwar unser Leben von Grund auf verändern, doch auch ein Guru oder Meister kann uns nicht weiterhelfen, wenn wir ihn dazu benutzen, durch seine Präsenz in unserem Leben wieder nur das eigene Ego und unsere Eitelkeit zu stärken. Einerseits erkennen wir wohl, daß wir voller Haß und Angst sind und uns nichts sehnlicher wünschen als inneren Frieden und Liebe, aber auf der anderen Seite wollen wir nichts dafür tun. Wir übersehen oft, daß wir uns zuerst diesen Dämonen stellen müssen, bevor sie von uns ablassen. Aber diesen tiefen Blick auf sich selbst wagen leider nur die wenigsten, und so sind es nur wenige, die ihren inneren Frieden finden.

In der Gier nach der sogenannten Spiritualität spiegelt sich unsere materielle Gier wider. Ein Mensch, der sich für besonders wichtig hält, wird sich deshalb einen Guru suchen, der ihn mit Wundern beeindruckt und ihm immer wieder versichert, wie außergewöhnlich er sei! In seinen Meditationen wird er dann den Phänomenen nachjagen, an denen ein echter Meister kein Interesse hat.

Ein wahrer Meister tut im wahrsten Sinne des Wortes NICHTS! Er läßt geschehen, was immer es ist, was immer kommt. Sein reines DA-SEIN wirkt erleuchtend auf den

Schüler, wenn dieser den Mut hat, sich wirklich in die Kraft, in die Energie des Meisters, fallenzulassen. Ohne sich etwas zu erhoffen! Einem wahren Meister zu folgen, bedeutet immer die totale Transformation. Wenn Du genügend Vertrauen in Deinen Meister hast, um seinen Anweisungen zu folgen, obwohl sie für Deinen Verstand manchmal völlig unverständlich sind, hast Du Glück. Auf diesen Meister-Schüler-Prozeß mußt Du Dich, wenn überhaupt, dann rückhaltlos einlassen. Mit vollem Bewußtsein die Verantwortung dafür übernehmen, daß Du nichts weißt! Den Guru hinterher verantwortlich zu machen für die Dinge, für die Du die Verantwortung selbst nicht übernehmen wolltest, ist feige und degradierend für Dein Selbst. Entweder Du springst, oder Du springst nicht. Mit einem Meister gibt es kein Zwischending.

Bevor wir unsere eigene Tragik nicht begreifen und solange wir uns weiterhin an irreale Hoffnungen klammern, ist kein Erwachen möglich. Wir bleiben gefangen in unseren Glaubensbildern, Träumen und Phantasien, Werten, Dogmen und Tragödien. Wenn es uns aber gelingt, mit oder ohne Hilfe eines Meisters den Fokus nach innen zu verlagern und dadurch unseren Blickwinkel zu verändern, fallen alle Dinge wieder in die rechte Perspektive. Wir spüren eine Erweiterung des inneren Raumes, aus dem nun endlich auch mal echter Humor aufsteigen kann.

Wenn wir bedenken, daß unser ganzes Leben von Anfang an ein Training darauf ist, was morgen sein wird, erstaunt es nicht, daß es uns äußerst schwer fällt, ganz im HIER und JETZT zu leben. Wenn Du diesen Mechanismus in Dir erkennst und Dich ernsthaft darum bemühst, Dich nicht dauernd von Deinen Gedanken an gestern und morgen ablenken zu lassen, öffnet sich bald ein Raum des tieferen Verständnisses für Dich.

Der wahre spirituelle Weg führt nach innen in die Meditation. Spiritualität bedeutet, durchgeistigt zu sein, mit Deinem Geist, Deiner Seele verbunden zu sein.

Daraus entspringt ein Bewußtsein, das keine Abgrenzungen mehr schafft, sondern die Einheit im Inneren und Äußeren erfahren hat. Niemand, auch nicht ein Meister, darf deshalb zu Deiner Krücke werden. Der äußere Meister mag zwar eine Weile beim inneren Geburtsprozeß die Rolle der helfenden Hebamme übernehmen, aber sobald das Kind geboren ist, muß auch der Meister gehen. Wie Buddha kurz vor dem Verlassen seines Körpers zu seinen Schülern sagte: »Wenn Du mich auf Deinem Wege triffst, töte mich!«

Dies ist einer der wichtigsten Aussprüche Buddhas. Er zeigt dem Schüler, daß er nun auf sich selbst gestellt ist. In diesem Stadium der Entwicklung wäre der Meister ein Hindernis. Deshalb sagte er: »Töte mich, wenn Du mir begegnest!« Natürlich nicht im physischen Sinn. Aber innerlich soll der Schüler jetzt auch von seinem geliebten Meister loslassen ... sonst kann er die letzten Schritte zu sich selbst, die er nur allein gehen kann, nicht vollziehen.

Zuerst geben wir uns also dem Meister ganz hin und lernen dadurch, Vertrauen und Liebe in das Leben zu haben, in uns selbst und in unsere eigenen Fähigkeiten. Doch dann müssen wir auch unsere kosmische Hebamme, den Guru, total loslassen. Die Dankbarkeit ihm gegenüber bleibt.

Ich bin meinem Meister, den ich sieben Jahre lang physisch begleiten durfte, über alle Maßen dankbar. Leider wird durch unser westliches Denken und die maßlose Angst, von einem anderen kontrolliert zu werden (weil wir selbst so viel kontrollieren wollen), die Suche nach einem echten Meister nicht gerade gefördert. Man hält solche Leute leider eher für Schwächlinge, die jemand anderen brauchen, um sich selbst zu finden. Das ist jedoch überhaupt nicht der Fall.

Als ich in Sizilien einem Schüler meines späteren Meisters begegnete, ging es mir wunderbar, ich suchte nichts und brauchte nichts. Ich wußte nicht, daß diese Begegnung mein Leben völlig verändern würde. Zwar hatten sich mein Mann und ich damals unter anderem auch eingehend mit den Lehren Gurdjieffs befaßt, doch einem lebendigen Meister waren wir noch nicht begegnet. Und obwohl mir Ramana Maharishi in München einmal des Nachts, lächelnd auf seinem Leopardenfell sitzend, erschienen war, landete ich doch einige Zeit später beim umstrittensten Meister dieses Jahrhunderts: bei Osho.

Ich ließ mich auf das Abenteuer, Sannyasin zu werden, voll ein. Es war nicht leicht. Es stellte mich und mein Leben völlig auf den Kopf. Ich ging durch schwere Zeiten der Loslösung von fast allem, was mir lieb und teuer war. Ich stand nackt vor mir selbst da und wußte nicht mehr, wer ich war. In der dunklen Nacht der Seele gebar ich mich wieder. Ich wechselte meinen Namen. Aus der berühmten »Sylvie« wurde Gayan, die »Singende Liebe«. Es wunderte mich nicht, daß ich einen alten Sufinamen erhielt. Innerlich fühlte ich mich schon durch Gurdjieff mit den Sufis verwandt. Und Grün, die Farbe der Sufis, war meine Lieblingsfarbe.

Aber auch ich ging wie alle anderen durch eine Zeit, in der wir uns als geistige »Elite« fühlten. Viele von uns hatten es gewagt, alles aufzugeben und bei unserem Meister in Indien zu leben. Ich hielt damals Menschen, die noch in München saßen und ihre alten Spiele bei Film und Fernsehen weiterspielten, für nicht so wach, nicht so bewußt wie mich. Ich sehe dasselbe Muster heute bei Freunden, die noch immer einem lebenden Meister folgen und sich eine Existenz ohne ihn nicht vorstellen können. Auch ich habe diese Phase durchlaufen. Heute halten sie mich für »zurückgeblieben«, da ich mir keinen neuen Meister gesucht habe. Aber nach sieben vollen Jahren mit einem Meister brauchst Du Dir, wenn Du wirklich präsent und offen warst, keinen neuen Meister zu suchen… und das Meisterspiel wieder von vorn zu beginnen. Mit Osho war diese Phase für mich abgeschlossen. Und so wurde das Ende der Suche für mich zum allergrößten Geschenk!

Es braucht ungeheuren Mut, sich einem Meister zu

»stellen« und das Ego für eine Zeit in den Hintergrund zu stellen, die Kontrolle über das äußere Leben vorübergehend aufzugeben und sich tief auf das eigene Innenleben einzulassen. Es ist leichte Kost, sich nur von Büchern zu ernähren und von weitem diejenigen zu kritisieren, die sich mit Haut und Haaren auf so ein Experiment eingelassen haben. Es ist kein Zeichen von Schwäche, sondern es braucht Kraft, das eigene Ego für eine Weile auszuschalten.

Danach ist äußerlich alles dasselbe, doch innerlich hat eine gewaltige Transformation stattgefunden. Du bist nicht mehr derselbe Mensch. Dadurch, daß Du Dich eine Zeitlang dem Meister »ergeben« hast, bist Du fähig, Dich Dir selbst hinzugeben. Und sich zu ergeben, sich hinzugeben, bedeutet Stärke, nicht Schwäche!

Deshalb sind in fast allen Ashrams und Meditationszentren der Welt immer mehr Frauen als Männer anzutreffen. Denn die Frau kann sich hingeben, ohne etwas dabei zu verlieren. Sie wird dadurch nicht »weniger«. Sie muß nicht starr auf einer Meinung beharren, um in ihrem Zentrum zu bleiben. Sie ist beweglich, spielerisch flexibel. Es ist ihr ein leichtes, die Meinung zu wechseln, wenn sie fühlt, daß sich die innerliche Situation, das innere Verständnis verändert hat.

Viele Männer haben es in dieser Hinsicht schwerer. Sie empfinden es fast als einen »Verlust«, plötzlich etwas anderes zu denken als zuvor. Das Ego sträubt sich, die Scheuklappen zu öffnen. Die Dinge sollen unverändert bleiben. Was beschlossen wurde, muß geschehen. Um jeden Preis.

Diese innere Freiheit der Frau macht es ihr deshalb oft leichter, den Weg zu einem Meister zu finden, wenn sie das will. Sie büßt nichts ein, wenn sie sich ganz bewußt in diese Beziehung begibt. Einem Mann erscheint dies wie der Tod des Egos, und daher vermeidet er es meist. Männer, die diesen Schritt jedoch machen können, haben echten Mut und Selbstvertrauen, denn sie wagen es, auch ihre innere Frau anzunehmen und damit sich selbst zu heilen.

Ein echter Meister hat seine weibliche und männliche Seite integriert. Oder besser gesagt, er ist seit langem beides. Es gibt keine Trennung mehr in ihm, er lebt jenseits dieser fiktiven inneren Teilung. Er hat etwas Weiches, Zartes, etwas Sanftes und liebevoll Weibliches in seinem Energiefeld. Der Suchende fühlt sich dadurch vollkommen angenommen, akzeptiert und geliebt. Kein Wunder, wenn es vor allem Frauen sind, die sich auf die Suche nach ihrem wahren Selbst machen und in der Nähe eines Meisters Erlösung erlangen wollen.

Jedem wahren Meister geht es um Meditation, Heilung, Transzendenz. Denn nur durch Meditation, durch das Stillwerden, lernst Du wieder richtig sehen. Denn Dein wahres Sehen geschieht nicht außen, sondern innen. In der Meditation »polierst« Du sozusagen den inneren Spiegel, Du säuberst die Augen Deiner Seele. Und nur dann beginnst Du wieder wahrhaft zu sehen. Du läßt allen Unsinn und Selbstbetrug los. Du bist wieder einfach und klar.

Das Annehmen der eigenen Wahrheit ist einer der wichtigsten Schritte im Leben jedes Menschen. Ein echter Meister wird wie ein Wecker fungieren und Dich immer wieder auf Deine eigene innere Wahrheit stoßen, bis Du anfängst aufzuwachen und sie selbst zu sehen. Er wird nicht zulassen, daß Du von ihm abhängig wirst. Zwar wird er Dir erlauben, bei ihm zu bleiben, solange Du das Gefühl hast, bei ihm sein zu müssen, aber er wird sich hüten, diese subtile Beziehung auszunutzen. Das einzige, was er Dir zeigen wird, ist der Mut für den Sprung in die Meditation. Alles andere kommt dann von selbst. Er fungiert nur als Medium, als eine »Öffnung« zu Deiner eigenen inneren Wahrheit.

Und es kommt der Augenblick, da braucht es keine Worte mehr, dann sitzt Du still an seiner Seite. Und wenn Du diese Stille in Dir gefunden hast, kannst Du gehen, wohin Du willst. Du nimmst dieses Geschenk mit Dir; und nicht nur das, Du hast es Dir selbst gegeben. Du hast es zwar mit der Hilfe des Meisters wohl etwas schneller erlangt als allein, aber Du selbst hast es für Dich möglich gemacht.

Vielleicht besitzt Du auch das unschuldige Gottvertrauen eines Menschen, der selbst mit einem unerleuchteten Meister Befreiung erlangt. Es war nicht der Meister, der sie ihm gab. Es war er selbst. Durch sein Vertrauen und die Unschuld seines Herzens wachte er plötzlich auf.

Ich bin mein eigener Meister

Der äußere Meister spiegelt also in Wirklichkeit nur Deinen inneren Meister, Deine innere Meisterin wider. Du kannst Deinen Weg natürlich ebensogut ohne einen äußeren Meister gehen. Nicht jeder Mensch muß unbedingt einen sichtbaren Guru haben.

Wenn Du Dir selbst vertrauen lernst und mit dem Strom des Lebens schwimmen kannst, ohne dagegen anzukämpfen, wenn Du Deine eigene innere Stille und Balance findest im täglichen Leben, dann bist Du auf Deinem Weg und brauchst keinen äußeren Meister. Meditation geschieht dann spontan ganz von selbst. Es ist dieser Zustand der Meditation, der Dich innerlich befreit. Und nur, wenn Du ihn gekostet hast, wirst Du genau verstehen, wovon ich hier spreche. Es liegt ganz bei Dir. Du kannst mit oder ohne Meister Deine Freiheit erlangen, wenn Du sie mehr möchtest als alles andere auf der Welt. Doch Dein Verlangen muß total sein.

Es gibt viele Menschen, die das Glück hatten, einem lebendigen Meister zu begegnen, und doch so an ihrem Ego festklebten, daß keine Transformation stattfand. Und es gibt viele, die nie einem Guru begegnet sind und doch in aller Stille allein zu sich gefunden haben, weil sie genügend Vertrauen in sich selbst und die Kraft des Lebens besaßen.

So beginnst Du, Dein eigener Meister zu werden. Trotz aller Irrtümer und Schwächen, Verzweiflung und Hoffnungslosigkeit, die Dir auf Deinem Weg immer wieder begegnen, schreitest Du mutig voran. Diese Werte haben sich verändert; du greifst jetzt nach Deinen inneren Sternen. Die Wolken vor Deinem inneren Horizont haben sich aufgelöst. Du hast Dich Dir selbst zugewandt. Du spürst mehr Raum und eine ganz neue innere Weite in Dir, mit der Du zu leben lernen wirst.

Und dabei hilft Dir auch äußere Weite. Wenn Du eine magische Öffnung zum Universum suchst, findest Du sie am besten unter den Sternen des Nachthimmels, findest sie dort, wo das Auge weit schweifen kann, hoch in den Bergen, in der Ebene, über weite Felder und Hügel. Dort, wo Dein Blick die Unendlichkeit berührt, wo er nicht hängenbleibt an Zeit und Form. Dort, wo Du eine neue Perspektive finden kannst, auch für Dein eigenes Leben.

Die Suche nach einem neuen Sinn

Die Suche nach dem wirklichem Sinn des Lebens ist so alt wie die Menschheit selbst und sehr verständlich. Wenn wir etwas haben, worauf sich unser Fokus richten kann, spüren wir unsere eigene Mitte und fühlen uns dadurch geerdeter und sicherer. Durch die Veränderung Deiner inneren und äußeren Werte entsteht auch Dein neuer Lebenssinn ganz von selbst, denn Du erfährst Dich plötzlich auf eine neue Art. Du bist anders als zuvor, bewußter und damit wacher.

Durch die Erweiterung unserer Wahrnehmungen, unseres Bewußtseins, entsteht immer wieder neuer Sinn. Wir beginnen, die Dinge auf einer tieferen Ebene zu sehen und zu verstehen.

Diese Suche kann aber auch in eine »Sucht« ausarten. Dann wollen wir alles erklärt haben, was geschieht; dann muß alles Sinn machen, dann bleibt kaum Raum für Wunder, da alles in unser Konzept von Sinn passen muß. Wieder beschneiden wir uns durch diesen unnötigen Sinn-Wahn nur selbst. Doch Sinn muß sein. Unser Intellekt kann ohne ihn nicht leben, und ohne Sinn können wir bekanntlich nicht existieren.

Tief innen wissen wir, daß unser Sinn natürlich immer unser Sinn ist und mit dem Universum nichts zu tun hat. Er ist ein Gedankengebilde, das uns in schweren Zeiten aufrecht hält.

Das Leben ist viel zu mysteriös, um es in die Zwangsjacke einer menschlichen Sinngebung pressen zu können. Und trotzdem brauchen wir einen Sinn; wir brauchen unsere Geschichte, wir brauchen etwas, mit dem wir uns identifizieren können, solange wir in unserem Körper sind.

Die Gefahr liegt darin, daß wir mit der Zeit vergessen, daß es unsere Geschichte ist, die wir uns ausgedacht oder von anderen übernommen haben. Wenn die größere Übersicht verloren geht, entstehen Disharmonie und Unglück.

Die großen Bewegungen des Lebens erscheinen unserem Geist oft »sinnlos«, weil sie für unseren Verstand meist unerklärlich sind. Sie sind zu enorm, zu riesig, zu mysteriös, um von unserem Intellekt erfaßt werden zu können. Es ist daher manchmal besser, der Sucht, ALLES erklären zu wollen, nicht immer nachzugeben. Denn sie bringt uns oft weg von dem, was ist, weil es nicht großartig genug, nicht umwälzend genug ist und führt uns somit in die Irre. Der wahre Sinn unseres Daseins kann meiner Erfahrung nach nur jenseits aller Sinne erfaßt werden.

DENN DAS LEBEN IST!

Das Leben selbst braucht den Sinn nicht, den wir ihm überstülpen. Es braucht keinen Traum, mit dem wir es wie mit einem Schleier zudecken, damit es uns nicht so viel Angst macht. Weder Sinn noch Sinnlosigkeit sind in Wirklichkeit real.

Osho sagte oft:

»Was ist der Sinn eines Sonnenuntergangs, was ist der

Sinn einer Blume? Sie sind einfach da, sie existieren, das ist ihr Sinn.«

Ihr Sein ist ihr Sinn. Sie brauchen keinen »Extrasinn«. Und so verhält es sich auch mit Deinem DA-SEIN, Deinem wahren Sinn. Aber vielleicht brauchen wir Menschen einen zusätzlichen Sinn. Aber dann bitte einen, der flexibel bleibt, der sich mit wachsendem Bewußtsein auch verändern darf, der nicht rigide ständig derselbe bleibt für die Dauer unseres Lebens. Einen Sinn, der alles erlaubt, der alles einschließt, und das Leben in all seinen Facetten, in seinem Glück und Unglück, in Gesundheit und Krankheit, Freude und Schmerz annimmt, wie es kommt, der nichts ausschließt, so schwer das auch oft sein mag.

Aber in Krankheit und Schmerz Sinn zu finden, diesen oft sehr schweren Umständen einen positiven Sinn zu geben und zu erkennen, daß diese Prüfungen Wegweiser in ein neues Leben sind, dazu braucht es einen vertrauenden und erleuchteten Geist. Es ist jedoch eine Realität, daß das Leben, wie schon Buddha verkündete, auch immer Schmerz beinhaltet. Von diesem Schmerz können wir uns nur durch wachsende Aufmerksamkeit befreien. Indem wir »zu ihm werden«, ihn nicht mehr stimulieren, indem wir dauernd vor ihm davonlaufen wollen. Die Anstrengung, den Schmerz wegzuschieben, macht ihn nur größer.

Doch im Zulassen des Schmerzes wandelt sich der Schmerz, und hört schließlich auf. In diesem Zulassen, in diesem Hinnehmen absorbiert unser Körper psychischen wie auch physischen Schmerz.

Was mir noch wichtig ist, ist der »globale« Sinn des Lebens. Zu wissen, warum wir alle überhaupt hier sind, worin unsere globale Aufgabe besteht. Ich will die Energien, die noch heute in die Herstellung von Waffen und in destruktive Handlungen fließen, in positive Kanäle fließen sehen. Nicht zur Zerstörung, sondern zum Aufbau, zum Heilen hin. Und doch weiß ich, daß das Leben auch immer eine andere Seite hat. Der Kampf des Lichts gegen seinen eigenen Schatten ist deshalb sinnlos.

Wenn unser Sinn des Lebens »zusammenbricht«, brechen auch wir zusammen. Wenn unser Leben jedoch sinnvoll erscheint – immer mit einer Prise Humor, bitte – dann gibt es eine klare Richtung, gibt es weniger Verwirrungen, weniger Angst. Das Leben in seiner Unberechenbarkeit verliert auf diese Weise etwas von seiner Bedrohlichkeit.

Unser Sinn schützt uns wie eine Schaumblase, die auf den Wellen des Meeres hin und her schaukelt und dann doch irgendwann zerplatzt. Der Augenblick dieses Zerplatzens ist wie ein kleines Erwachen; er bedeutet das Ende des in diesem Augenblick festgehaltenen Sinnes. Du bist somit frei, neu zu kreieren. Oder auch frei, es nicht zu tun. Unser Lebenssinn kann wie ein Gerüst dienen, das uns Halt gibt, solange wir diesen Halt brauchen.

Und wieder beginnt das Denken, sich einen neuen Sinn zu suchen und damit auch neue Schmerzen zu schaffen … Der Verstand steht nicht still, solange wir lebendig sind.

Doch mit unserem Denkapparat kommen wir an das Mysterium des Lebens, des Universums und der Unendlichkeit nicht heran. Es sind fruchtlose Versuche, etwas verstehen zu wollen, das für unser limitiertes Denken vollkommen unverständlich ist und immer sein wird. Deshalb ist auch jede Philosophie nur eine Kette von Gedanken, die unfruchtbar sind, weil sie das Wesentliche außer acht lassen und nicht wirklich erfassen können, da Worte keine Erklärung dessen geben können, was Leben bedeutet. Ein revolutionärer Denker muß sich deshalb immer jenseits von Denken bewegen.

Etwas WESENTLICHES jedoch ist unser WESEN!
Das Unmanifestierte, das NICHTS, die LEERE,
das, was man nicht beim Namen nennen kann.
Das, was sich ständig wandelt …
Dort sind wir alle zu Hause.
Dort liegt unser aller Ursprung.
Im nicht zu Verstehenden, im Undenkbaren,
im Unfaßbaren.

Und so ist auch Sinn nicht faßbar. Er verändert sich ständig, ohne Warnung, nur durch ein neues Verständnis, durch Deine eigene bewußtere, innere Erkenntnis. Durch Dein tieferes inneres Wissen, das Du auf der mentalen Ebene nicht wirklich verstehen kannst. Durch ein »Wissen« jenseits Deines Denkens. Frei von Gedanken und Ideen. Frei von Deiner Geschichte. Frei von Deinem Ego.

Sobald wir das Wunder unserer Existenz wirklich zu begreifen beginnen, fällt jegliche Suche nach noch mehr Sinn weg. Und wenn nichts mehr »Sinn« macht… bist Du Deiner Wahrheit am nächsten.

Übung: Die inneren Knoten lösen …

Alle emotionalen Knoten in uns haben ihren Ursprung in der Vergangenheit. Es geht aber nicht darum, diese Knoten zu verleugnen oder wegzudenken.

Um sie zu entwirren, müssen wir vielmehr den Glauben an unsere veralteten Einstellungen und Glaubenssätze, die wir über uns selbst in uns tragen, auflösen.

Wahres *»Mit-dem-Herzen-Sehen«*, Aufmerksamkeit und Bewußtsein sind die Werkzeuge, die wir dafür benötigen. Alles, was wir für diese Transformation brauchen, ist bereits in uns vorhanden.

Finde einen bequemen Platz,
an dem sich Dein Körper tief entspannen kann.
Laß Verkrampfungen und Verspannungen los,
indem Du tief in sie hineinatmest…

Laß dann Deinen Atem ganz still werden,
so daß Du ihn nur noch wie einen feinen Hauch spürst…

Werde Dir nun all der Geräusche in Deiner Umgebung
gewahr, ohne ihnen einen Namen zu geben.
Höre Sie einfach ganz entspannt

und lausche gleichzeitig auf die Stille
zwischen den Geräuschen.

Laß Dich mehr und mehr in die Stille
Deiner inneren Aufnahmefähigkeit fallen.

Dehne nun Deine Aufmerksamkeit aus
und werde Dir jetzt auch
Deiner dahinziehenden Gedanken und Gefühle bewußt.

Bleibe dabei ganz aufnahmebereit
und bilde Dir keine Meinung, forme kein Urteil.

Beobachte, wie alle diese Gedanken und Gefühle
aus dem Intervall der Stille auftauchen ...
und wieder in das Intervall eingehen ...

Sei Dir ganz dieser inneren Stille in Dir bewußt,
aus der alles kommt und in die alles wieder eingeht ...

Während Du in den Intervallen der Stille weilst,
reflektiere die inneren Knoten,
die Dich zu binden scheinen ...

Es mögen die Knoten der Selbstablehnung,
der Hilflosigkeit
und der Angst vor dem Alleinsein sein.
Es mögen Knoten der Eifersucht, des Neids
und des mangelnden Vertrauens in Dein Leben sein.

Was immer es auch ist, sieh es, ohne es zu beurteilen ...
Beziehe diese Reflektionen in Deine innere Stille ein.

Laß nun Deine Herzenswärme, Deine Großzügigkeit,
Dein Mitgefühl, Deine Liebe in sie einströmen ...

Stelle Dir nun einen Ozean vor, mit den Bewegungen der Wellen,
die einmal anschwellen und dann wieder zurückweichen …

Beobachte, wie diese Wellen hoch anschwellen …
wie sie weiße Schaumkronen bilden und dann wieder
sanft in sich zusammenfallen, wenn sie das Ufer erreichen.

Geh ganz in die Bewegung dieser Wellen hinein …
laß Dich mit ihnen aufs Meer hinaustragen …
und wieder zum Ufer zurückbringen …

Erkenne, daß die inneren Bewegungen in Dir
diesem Ozean sehr ähnlich sind.
Einige der Knoten sind besonders stark;
sie begraben alles unter ihren Wassern,
was ihnen in den Weg kommt.

Andere sind weniger fest und geformt …
Wie die Wellen stoßen und ziehen sie uns
in bestimmte Richtungen im Leben.

Und wieder andere Knoten
sind nur wie der Meeresschaum auf dem Wasser,
sie lösen sich ganz leicht auf …

Manchmal sind die Wellen wild und hoch,
manchmal flach und ruhig.
Das Meer macht keinen Unterschied.
Es ist ihm gleich, welche Art von Wellen es bewegt.

Denn alle Wellen sind aus demselben Ozean geschaffen!

Laß Deine innere Stille zum Ozean werden.

Genieße alle Wellen so, wie sie kommen ...
Öffne Dich jetzt für alle Variationen von Wellen,
die Dich berühren ...

Zu manchen Zeiten
treten die inneren Knoten in uns stark hervor.
Du kannst auch dann ganz präsent, offen und still bleiben
und innerlich immer wieder eins werden
mit der Stille in Dir,
mit Deinem weiten inneren Raum.
Kannst die »Wellen« dieser verschiedenen Knoten
genauso umarmen wie das Meer seine Wellen ...

In dieser Stille und Offenheit
Lösen sich die Knoten auf ...
sie entwirren sich von selbst.

Wenn Du Dich an Deine innere Weite und Stille erinnerst
und die Wellen des inneren Meeres
immer wieder kommen und gehen läßt,
in ihrem eigenen Rhythmus ...
Wenn Du Dich an Dein Einssein
mit dem Meer in Dir erinnerst,
wirst Du zu seiner Tiefe ... wirst Du zum Meer.

Bleibe noch einige Minuten ruhig liegen. Spüre den Rhythmus der Wellen in Dir, spüre ihre wundervolle Harmonie. Fühle, wie die Wellen in Dir sanft ausklingen ...

Atme dann wieder tief durch. Dein ganzer Körper kann jetzt leichter und entspannter, weicher, lockerer und freier vibrieren, denn Du hast damit begonnen, die inneren Knoten zu lösen.

Sechster Schritt

Die dunkle Nacht der Seele – Die innere Wiedergeburt – Dem eigenen Licht folgen – Entfaltung in Freiheit – Mut zum Glücklichsein – Inneren Frieden finden – Übung: Deinen Schatten umarmen

Die dunkle Nacht der Seele

Eine erwachsene Frau hat, wenn sie die nötige Reife erreicht hat, das Recht, allein ihre Reise nach innen anzutreten. Solche Frauen suchen nicht mehr nach einer Partnerschaft. Die Kinder sind groß und aus dem Haus. Die Ehe hat gehalten, oder auch nicht. Die äußere Arbeit ist vorüber. Jetzt beginnt der Weg nach innen. Die äußerliche Jugend schwindet, und die Frau macht sich auf die Pilgerreise zu ihrem eigenen Wesen. Dazu kommen die Jahre des Wechsels; sie kann nicht mehr gebären, ihre Periode hört auf. Eine neue Phase hat begonnen. Die Fältchen vertiefen sich, und wenn wir nicht acht geben, mit ihnen der Gram.

Dies ist der Punkt der Umkehr, der Rückbesinnung auf Dich selbst. Auf Dein inneres Leben, auf Dein wahres Sein. Es geht nicht mehr darum, was Du nach außen hin darstellen mußt. Alle Darstellungen, alle Masken werden unwichtig. Du mußt Dich nicht mehr verstecken oder Dein Licht und Deine Kraft verbergen. Du kannst sein, wie Du bist, voll und ganz Du selbst. Deine innere Welt, Deine wahre Heimat, beginnt sich zu öffnen. Du mußt es niemandem mehr recht machen und nicht mehr um Liebe betteln. Du liebst Dich selbst. Du kehrst heim.

Doch diese Heimkehr führt uns zunächst zum tiefsten Punkt der Dunkelheit in uns. Dieser Dunkelheit des Tunnels, der uns schließlich zum Licht führt, kann niemand ausweichen. Es ist das Nadelöhr, das niemandem erspart bleibt, durch das wir alle gehen müssen, wenn wir am anderen Ende herauskommen wollen.

Hier ist Vertrauen in unseren eigenen inneren Prozeß das einzige Licht, das uns den Weg erhellen kann. Denn hier lauern die »Dämonen« unseres Unterbewußtseins, die nur in der Dunkelheit und Unwissenheit existieren können. Und doch dürfen wir vor ihnen nicht davonlaufen. Sie sind die Hüter der inneren Schwelle. Sie spiegeln uns auf phantastische Art unsere schlimmsten Ängste wider, und genau diese gilt es anzusehen.

Unter allen Ängsten liegt die Angst vor dem Tod verborgen. Sie ist die Wurzel aller Ängste. Unter allen Spiegelungen und Bildern liegt die tiefe Furcht, »nicht mehr zu sein«, das völlige Erlöschen eines Bewußtseins, das nicht mehr widerspiegeln kann, da es nichts mehr gibt, was es widerspiegeln könnte. Der Bildschirm ist leer.

Wovor haben wir also wirklich Angst? Vor dieser Leere, in der wir frei von allem sind? Vor etwas, das wir nicht kennen, oder vor etwas, an das wir uns nicht mehr erinnern können? Die Angst ist also die Furcht vor etwas »Unvorstellbarem« wie dem Tod. Die Schwelle, über die wir den Körper nicht mitnehmen können. Die Angst, nicht mehr zu sein, ist demzufolge eigentlich irrational, denn wir wissen nicht, was es wirklich bedeutet, »nicht mehr zu sein«. Doch in einem solchen Zustand kann es in Wahrheit weder Angst noch Furcht geben, weder Himmel noch Hölle, weder einen Anfang noch ein Ende.

Und doch beginnt genau an diesem Punkt die Gratwanderung. Zeitlich gesehen, findet diese Gratwanderung meist nach der ersten Lebenshälfte statt. Nämlich dann, wenn sich ungefähr nach dem zweiundvierzigsten Jahr die Lebenskraft vom Außen abzuwenden beginnt und langsam nach innen geht. Eine Zeit der Verwirrung, des tiefen »Nicht-mehr-weiter-Wissens,« der Traurigkeit und Depression, der Angst vor der inneren Dunkelheit beginnt den ganz natürlichen Prozeß der geistigen Wiedergeburt einzuleiten. Wenn Du Dich an diesem Punkt ganz fallenlassen kannst und der Entwicklung in Dir vertraust, trotz aller Ängste und Zweifel, wirst Du ein wahres Wunder erleben.

Durch unsere Meditation haben wir gelernt loszulassen, und so müssen wir auch hier, an diesem schwierigsten Punkt der Reise, noch einmal alles loslassen, was uns der Kopf suggeriert und uns wirklich vollkommmen auf unser Gefühl und unsere wachsende Intuition verlassen. Der Pfad ist schmal, der Fokus ist nach vorn gerichtet, auf das Licht der aufgehenden Sonne in Dir. Auf Dein inneres Licht. Nicht auf Deine Vergangenheit und nicht auf Deine Gedanken, die sich ständig im Kreis bewegen und Dir einreden wollen, daß Du die Reise entweder nicht wert bist oder nie schaffen wirst.

Die dunkle Nacht der Seele müssen wir allein durchschreiten.

Du bist dabei ganz auf Dich selbst gestellt. Denn nur so hast Du die Chance, Dich in Deiner wirklichen Herrlichkeit zu erfahren, die letztlich alle Finsternis in Dir überstrahlt. Es ist das Geschenk Deiner Menschenwürde, daß Du diese Schritte ohne Krücken von außen gehen kannst. Denn nur in diesen Augenblicken erfährst Du Deine eigene Kraft in einem solchen Ausmaß, daß Du von nun an das unbedingte Vertrauen in Dich hast, Dein Leben froher, freier und damit kreativer gestalten zu können, und auch die Fähigkeit zu besitzen, Deine Probleme allein zu meistern. Mit dieser Erkenntnis erwachst Du zu einer neuen Dimension Deines Daseins.

Die innere Wiedergeburt

Der innere Wandel geschieht ganz von selbst, wenn wir genügend Vertrauen in unseren inneren Prozeß haben. Jetzt gilt es, wirklich und wahrhaftig dem Nicht-Tun zu folgen, der großen, mysteriösen Kraft in Dir, die alles ermöglicht, wenn wir keine Angst mehr haben, wir selbst zu sein. Wahrer Mut ist die Annahme der eigenen Angst und der Zweifel, in dem Wissen, daß sie vielleicht nie ganz verschwinden werden, solange wir an diesen Körper gebunden sind. Daß wir vielleicht nie genau wissen werden, warum die Dinge so sind, wie sie sind. Und trotzdem machen wir den Schritt in die einzig wahre Richtung, die uns noch bleibt, nach innen, zu uns selbst.

Der Prozeß der inneren Wiedergeburt wird in allen alten Mythen immer wieder hervorgehoben, beschrieben und besungen. Er lebt in Märchen und Geschichten weiter und ist ein wichtiger Teil unserer menschlichen Transformation. Der physische Körper kommt zwar mit der Geburt in diese Welt, aber unser inneres Wesen hat die Möglichkeit, durch unser spirituelles Wachstum, das heißt durch das Erkennen der göttlichen Kraft in ALLEM, zu erwachen. Dieses Erwachen ist die innere Wiedergeburt. Wir wachen auf zu uns selbst!

Das Bewußtsein Deiner persönlichen Geschichte, einer vagen Vergangenheit, die nicht mehr gültig ist, schwindet. Du läßt Deine alte Form los. So wie der Schmetterling nach einer langen Zeit als Raupe seine alte Form hinter sich läßt…

Es ist wie ein kleiner Tod. Du wechselst bei lebendigem Leibe Deine Form. Was Du hinter Dir läßt, sind die verkrusteten Gedankenschleifen eines Wesens, das Du nie wahrhaft erkannt hast und dem Du erst jetzt zum ersten Mal wirklich begegnest.

Stück für Stück häutest Du Dich, läßt Deine Vergangenheit, Deine alte Hülle los. Trennst Dich von gedanklichen Mechanismen und überholten Vorstellungen über Dich selbst und die Welt und beginnst die Einheit, das Einssein in allem zu begreifen. So wirst Du zu Deinem eigenen Licht auf dem Weg.

All dies geschieht nicht ganz ohne die Schmerzen der Lösung von allem Bekannten. Es ist eine Zeit ohne feste Identität, in der Dein Innerstes sich nach außen kehrt. Eine Zeit, in der Du aus der Tiefe Deines Selbst zum eigenen Licht in Dir, zum eigenen Verstehen findest.

Dem eigenen Licht folgen

In der tiefen Dunkelheit des Nicht-Wissens ist die Hingabe des Selbst total. Und genau in dieser Totalität findet Transformation statt, wird Erwachen möglich. Im Licht Deines neuen Bewußtseins, dessen Aufmerksamkeit jetzt um so vieles stärker geworden ist, nimmst Du Dich selbst vielleicht zum ersten Mal wirklich wahr, du erkennst Dich jenseits aller Formen und Definitionen wieder. In der Hinwendung zum eigenen Wesen erkennen wir Gott als die göttliche Kraft. Nicht den Gott, der irgendwo in den Wolken sitzt und über uns wacht, sondern das Ewiglebendige, die Kraft allen Seins. In dieser Hinwendung liegt wortloses, tiefes inneres Wissen und Wiedererkennen.

Dein Lebensweg offenbart sich Dir jetzt ohne Mühen, wenn Du nicht weiter gegen ihn ankämpfst, weil er nicht Deinen Vorstellungen entspricht. Und wenn auch so mancher Weg schwieriger als nötig scheint, sollten wir dennoch versuchen, ihn nicht zu werten …

Ich habe eine gute alte Freundin auf Hawaii. Sie heißt Eva und ist jetzt fast achtzig Jahre alt. Sie hat ihre Gratwanderung bis auf den heutigen Tag erfolgreich gelebt. Sie hatte alles im Leben, was man sich überhaupt wünschen kann. Und dann war sie plötzlich allein. Ihr Mann verließ sie für eine jüngere Frau. Kurz danach verlor er sein gesamtes Vermögen und starb.

Eva stand buchstäblich vor dem Nichts. Die Kinder wandten sich von ihr ab, weil sie zu dieser Zeit – sie war damals fast 60 – in einem Ashram in Indien lebte, wo ich sie kennenlernte. Sie hielten sie für verrückt und betrogen sie um ihr Erbe. Sie besaß fast nichts mehr, als sie später nach Hawaii zog, um ein neues Leben zu beginnen. Aber von den eigenen Kindern betrogen zu werden, war besonders hart für sie gewesen.

Sie hatte viel gelernt in Indien, vor allem die Kunst, nichts mehr zu wollen und mit wenig zu leben. Die kam ihr jetzt zugute. Sie mietete sich ein Häuschen und setzte dort ihre täglichen Meditationen fort. Ab und zu verkaufte sie ein Schmuckstück aus ihrem bescheidenen Besitz, um ihre Rechnungen begleichen zu können.

Und eines Tages verliebte sie sich in ihren berühmten buddhistischen Meditationslehrer, mit dem sie zuweilen bis zu drei Monaten in Vipassana saß. Vipassana ist eine der schwierigsten Meditationsübungen, da Du mindestens acht Stunden damit zubringst, abwechselnd eine Stunde bewegungslos zu sitzen und danach eine halbe Stunde zu gehen. Als sie sich ihrer Gefühle zu dem damals erst sechsundvierzigjährigen Lehrer gewahr wurde, kam sie in innere Bedrängnis. Sie war 24 Jahre älter. Doch noch einmal stürmten die heißen Gefühle der jugendlichen Liebe durch ihre Adern. Am selben Abend fiel sie eine steile Treppe hinunter und brach sich das Bein. Ihr Körper bewahrte sie so vor einer Affäre, die niemals gut gehen konnte. Ihr Fuß entzündete sich so schlimm, daß die Ärzte ihn amputieren wollten. Daraufhin brach sie alle Behandlungen ab und heilte sich selbst durch Homöopathie.

Sie erzählte mir diese Geschichte mit einem lachenden und einem weinenden Auge. Bei meinen Besuchen fragte ich sie immer wieder, warum sie ihre Einsichten nicht auch mit anderen teilen wollte. Sie war Psychologin und hatte noch mit Fritz Perls, dem berühmten Begründer der Gestalttherapie, studiert und praktiziert. Sie sagte daraufhin, daß es dazu zu spät sei. Die Zeit würde gerade noch ausreichen, um sich auf einen würdevollen Tod vorzubereiten, um allein die dunkle Nacht der Seele zu durchwandern… und sich wiederzugebären. Ich verstand sie lange nicht und glaubte, sie würde ihre Talente brachliegen lassen, indem sie sich weigerte, auch anderen Menschen zu helfen. Aber sie lächelte nur über meine Befürchtungen und setzte ihre Meditationen fort. Sie sagte, daß ich nur dann anderen helfen könne, wenn ich selbst keine Hilfe mehr brauchte… wenn ich selbst an einem Punkt war, an dem ich nichts mehr erzwingen mußte.

Manchmal sah ich sie jahrelang nicht. Doch an bestimmten Wendepunkten meines eigenen Lebens befand ich mich oft plötzlich, ohne allzuviel Planung, im Flugzeug nach Hawaii. Eva erwartete mich jedes Mal am Flughafen mit einem duftenden Blumenkranz. Ihr Haar war inzwischen schneeweiß geworden, aber es war immer noch lang und voll. Und obwohl sie sicher inzwischen 20 Pfund Übergewicht auf die Waage brachte, so bewegte sie sich mit der Grazie einer jungen Frau. Nach wie vor sah ich in ihr die ideale spirituelle Lehrerin. Wesentlich echter und erfahrener als manche anderen, die heute in den New-Age-Zeitungen von sich reden machen. Aber sie war noch immer nicht gewillt, ihre kostbare Zeit mit anderen zu teilen. Ich war eine der wenigen, die sie besuchen durften. Meist verbrachten wir nicht mehr als 48 Stunden zusammen. Doch die Zeit verging jedesmal wie im Flug, und wir sprachen nur über die tiefsten und wichtigsten Dinge, die unser Leben bewegten.

Einmal erzählte ich ihr, daß meine Energie sich überhaupt nicht mehr sexuell manifestieren wollte, ich keinerlei Verlangen verspürte und schon seit zwei Jahren keinen Orgasmus mehr mit meinem Freund gehabt hatte. Aber sie lachte nur und sagte, ich solle froh sein, daß sich nun meine Kraft nach innen gewandt habe und ich dem kleinen, unwichtigen »Jucken«, wie sie es lachend nannte, nicht weiter nachzuweinen brauchte. Ich war ziemlich schockiert. Mit knapp 49 fand ich mich damals noch zu jung, um meine Sexualität nicht mehr auszuleben.

Doch dann fielen mir die Worte meines Meisters wieder ein, der damals, in den siebziger Jahren bereits zu uns gesagt hatte, daß sich die sexuelle Energie ganz allein verwandeln werde, wenn wir sie richtig gelebt hätten. Und diese Verwandlung beginne, wenn alles gut lief, um die 42. Nun, demnach hatte ich also nichts mehr zu erhoffen, konnte loslassen und mich entspannen. Die Transzendierung der Sexualität – etwas, worum sich viele Sucher bemühen – geschah in meinem Fall ganz von selbst.

Eva war für mich das echte Vorbild einer reifen, weisen

Frau, der das Alter nichts auszumachen schien. Erst mit 70 hatte sie zum ersten Mal wirklich gespürt, daß ihr Körper älter wurde. Sie besaß weniger Kraft als früher. Sie ging langsamer. Sie wurde schwerer. Sie bewegte sich der Erde zu. Noch immer trug sie nur Sarongs, lose um den Leib geschlungene Tücher, und sah mit ihren langen weißen Haaren und ihrer gebräunten Haut hawaiianischer aus als so manche Hawaiianerin. In die USA wollte sie nicht mehr zurückkehren. Sie würde hier sterben im Paradies von Hawaii.

Mit einem Lächeln sagte sie einmal zum Abschied zu mir – nachdem ich sie wieder gefragt hatte, warum sie denn keinen lieben Partner hatte, der sie auch einmal etwas verwöhnte – daß der richtige Mann jung, intelligent und reich sein müsse, um sie überhaupt noch zu interessieren. Den Abfall könne sie allein hinaustragen. Sie lebte jetzt bereits seit vielen Jahren allein; sie liebte es so und konnte sich ein Leben mit einem Mann überhaupt nicht mehr vorstellen.

Doch zum Trost verriet sie mir, daß das, was mir bestimmt sei, von selbst zu mir komme. Ich brauchte es nicht zu suchen. Es werde kommen, direkt an meine Tür. Es gebe nichts, dem man nachlaufen müsse.

Entfaltung in Freiheit

Ich glaube, ab einem bestimmten Alter geht es vielen Frauen ähnlich. Sie brauchen ihren eigenen Raum, innerlich wie äußerlich, um zu sich zu finden. Wie auch Sylvia in Zürich, die noch problemlos sogar einen jüngeren Mann fesseln könnte, die aber ein ruhiges, in sich gekehrtes Leben vorzieht. Auch sie hat sich auf sich selbst konzentriert, auf die Stille und Meditiation in ihrem Leben. Vielleicht bewundere ich solche Frauen deshalb so sehr, weil ich selbst noch nicht an diesem Punkt bin. Als unheilbare Romantikerin möchte ich mein Leben auch weiterhin mit einem guten Mann teilen. Mit einer verwandten Seele, bei der ich mich geborgen und zu Hause fühle.

Obwohl ich durch meine Meditation bereits an den

Punkt der inneren »Leere«, der Stille jenseits aller Gedanken, Gefühle und Vorstellungen gelangt bin und sehe, daß wir letztlich keine vollkommene Erfüllung im Außen oder mit einem Partner finden können, ganz gleich wie sehr wir uns das wünschen, liebe ich auch das Zusammensein. Und das ist gut so, denn einen Apfel soll man nicht vom Baum reißen; er muß von selbst fallen, wenn er reif ist...

Der Mann, die männliche Kraft, war auch für mich 30 Jahre lang der Mittelpunkt meines Lebens. Mit 30 glaubte ich noch, daß es meine Aufgabe sei, zuverlässig meinem Mann zur Seite zu stehen und seine Karriere zu fördern (obwohl ich selbst auf eine erfolgreiche Karriere zurückblicken konnte).

Aber erst jetzt mit 52, nach vielen Kämpfen und Irrwegen, finde ich wirklich zu meiner eigenen Mitte, finde mich selbst wieder, ohne mein Zentrum weiter im Außen oder in einem anderen Menschen zu suchen.

Die Früchte des Alleinseins brauchen lange Zeit, um zu reifen und süß und schmackhaft zu werden. Diese Früchte muß man sich erarbeiten, mit Geduld und Liebe zu sich selbst. Doch das Zwischenstadium ist oft schwierig, beängstigend und unerklärlich. Hier hilft nur Vertrauen. Ein Vertrauen, das hoffentlich in all den Jahren in uns gewachsen ist und jetzt seinen wahren Wert und seine echte Tiefe zeigen darf. Bitte mißverstehe mich nicht. Es ist natürlich immer ein Geschenk des Lebens, wenn eine Partnerschaft über viele Jahre hält, sich vertieft und die Blüten der Weisheit und Liebe trägt! Aber für viele Menschen gibt es diese Partnerschaft nicht. Sie müssen ihren Weg allein gehen und allein zu sich und ihrer inneren Wahrheit finden.

Sich wirklich frei entfalten zu können, ist leider den wenigsten von uns vergönnt. Wir lernen es nicht. Es geschieht genau das Gegenteil. Anstatt unsere innere Kreativität nach außen bringen zu dürfen, wird immer mehr in uns hineingestopft. All das muß erst wieder entfernt werden, und es kann eine Weile dauern, bis wir zu unserer ursprünglichen Kreativität, zu unserem angeborenen Selbstwertgefühl zurückfinden können. Sich frei zu entfalten und sich dessen bewußt zu sein, braucht viel Mut. Denn es ist nicht die Norm, nicht konform. Die Norm ist es, »unecht« zu werden und ein falsches Leben zu leben. Weil es nicht wirklich DEIN Leben ist, aus dem Du Dich dann mühsam wieder befreien mußt, wenn es überhaupt so weit kommt. Und das ist nur möglich, wenn Du Dir über Deine Lage wirklich klar geworden ist. Dies ist eine Aufgabe, die Dir niemand abnehmen kann und die nichts mit Deiner äußeren Arbeit zu tun hat. Du kannst ein Nachtwächter sein mit wenig Verdienst und doch glücklicher als so manch anderer in einer gehobeneneren Position, weil Du innerlich mit Dir in Frieden lebst und deshalb glücklich bist.

WEIL DU WIRKLICH LEBST!

Und so vergeht die Zeit in der Vorbereitung, eines Tages mit dem wirklichen Leben zu beginnen... Das Aufschieben von Leben ist eine der schrecklichsten Fallen, in die wir gehen können.

Sich im Unbekannten daheim zu fühlen, zu wissen, daß es keine wirkliche Sicherheit auf der materiellen Ebene geben kann und niemals geben wird, ist eine reife Lebenskunst, die leichter erlernt wird, wenn man liebevolle Vorbilder in seinem Umkreis findet. Doch sie sind leider selten. Ich scheute mich nie, besonders ältere, glücklich aussehende Menschen selbst auf der Straße anzusprechen und sie nach ihrem Geheimnis zu fragen. Die Antwort ist fast immer dieselbe. Sie hatten ihr Leben angenommen wie es war, hatten es von Moment zu Moment gelebt, und daraus waren letztlich tiefe Harmonie und innere Zufriedenheit erwachsen. Zeiten der Schmerzen und Ablösungen waren immer Teil dieses Prozesses. Denn ohne das Loslassen des Alten findet keine Metamorphose statt.

Wir kommen nicht darum herum, wir landen immer wieder bei uns selbst. Das ist der Ausgangspunkt, an dem wir zu Beginn unseres Lebens unsere Reise antreten, und es ist derselbe Punkt, an den wir nach langem Suchen wieder zurückkehren. Dieser Kreis versinnbildlicht unsere Lebensreise. Es liegt wie immer ganz bei Dir, wie Du sie gestaltest. In Wirklichkeit gehst Du nie von Dir oder von Gott fort. Dieses Fortgehen ist eine Illusion, in der Du Dich verlierst, die zu einem Drama oder – wenn Du Glück hast – zu einer Komödie wird, wenn Du Dich nicht immer wieder an Dein Selbst erinnerst.

Es ist ein Spiel, das die indischen Weisen »Maya« nannten, das Dich umgarnt, Dich lockt wie eine Fata Morgana. Es ist das Spiel des Lebens, das weder gut noch böse sondern einfach ist, was es ist, und das wir je nach unserem Verständnis interpretieren können. Doch all unsere Interpretationen werden es nicht verändern: Es bleibt, was es ist.

Es ist weise, mit dem Spiel des Lebens zu gehen, sich nicht zu sperren und dem Leben den eigenen Stempel aufdrücken zu wollen. In der westlichen Gesellschaft wird es zwar mit »Erfolg« bezeichnet und gepriesen, wenn wir unseren Willen dazu nutzen, das Leben in Bahnen zwingen zu wollen, welche WIR für die richtigen halten! Doch letztlich reißt uns der Strom des Lebens doch mit sich in seine eigene Richtung, und dann fühlen wir uns geschlagen, gedemütigt und wertlos. Das muß nicht sein. Die größere Kraft liegt darin, und das fällt uns Frauen leichter, die Richtung des Lebensstroms anzunehmen und die Reise so schön und kreativ wie möglich zu gestalten, ohne größenwahnsinnig zu werden und sie in ein qualvolles Ego-Drama zu verwandeln.

Die Kraft der inneren Frau, der inneren Mystikerin macht es jeder Frau möglich, ihren kreativen Lebenssinn Tag für Tag neu zu gestalten und zu leben. Sie lebt aus ihrem Zentrum, ihrem Herzen heraus. Von hier strahlen ihre Liebe und Wärme aus. Sie ist verletzlich und offen, bereit, alles zu fühlen und nichts abzulehnen, nur weil sie sich Schmerz ersparen will. Sie ist bewußt dazu bereit, in jedem Augenblick wahrhaftig zu sein und ihr wahres Wesen zu zeigen.

Deine eigene Wahrheit zu finden, Deinem eigenen Licht zu folgen bedeutet nicht, daß Dein Leben von nun an völlig sorgenfrei sein wird. Das mag zwar irgendwann möglich sein, doch zunächst heißt es, Dich vollkommen mit dem zufriedenzugeben, mit dem in Frieden zu leben, was Du bist. Und zwar jetzt, in diesem Moment. Dies geschieht, indem Du aufmerksam hinsiehst und erkennst, daß Du niemals anders sein kannst, als Du bist, und daß jeder Versuch, anders sein zu wollen, scheitern muß. Du kannst äußerliche, unwichtige Kleinigkeiten mit dem Willen verändern, indem Du sie unterdrückst, aber Du bist immer, was Du bist. Bewußt oder unbewußt, es macht keinen Unterschied. Der kleine Schwan war immer ein Schwan, obwohl er unter Enten aufwuchs ...

Mut zum Glücklichsein

Vor einigen Jahren besuchte ich mit meinem damaligen Agenten einen Verlag in Deutschland, der gerade ein Buch von mir herausbrachte. Ich wurde verschiedenen Lektoren vorgestellt. Da ich mich innerlich leicht und gut fühlte und recht froh war, wie die Dinge liefen, war ich gut gelaunt, lachte und scherzte mit den Leuten im Verlag und fühlte mich wohl. Als wir wieder im Auto saßen, meinte mein Agent, daß ich vielleicht nicht den erwünschten Eindruck erweckt hätte, da ich zuviel gelacht hätte. Man werde mich deshalb wahrscheinlich für oberflächlich halten.

In diesem Augenblick wurde mir vieles klar. Meine eigene Freudigkeit und Offenheit war mit »Oberflächlichkeit« gleichgesetzt worden. Dagegen hätte mein trauriges oder sogar melancholisches Gesicht sicher die Anerkennung gefunden, die Depression offenbar auslöst. Melancholie und Depression werden leider immer noch für innere Tiefe gehalten. Wenn Melancholie »Tiefe und Ernsthaftigkeit« bedeutet, darf man es nicht wagen, nach außen hin glücklich zu sein. Sonst wirst Du entweder für dumm oder für verrückt gehalten. Oder beides. Aber das unglückliche Gesicht, mit dem die meisten Städter herumlaufen, wird von allen verstanden und anerkannt. Unglück und innere Misere sind die Norm und bleiben unangetastete Werte. Seriosität beinhaltet die tiefe Unergründlichkeit eines depressiven Blickes. Wer wagt es da zu lachen?

Und so wird der Mut zum Glücklichsein nicht nur von innen, sondern auch von außen untergraben. In einer auf Unglück und Sorge eingestellten Gesellschaft ist es schwer, sich aus diesem Teufelskreis der Negativität zu befreien. Wenn kein tiefes »Problembewußtsein« den Kopf ununterbrochen beschäftigt hält, ist man nicht »umweltbewußt«! Bei einem Meditationsseminar in der Schweiz, das ich vor einigen Jahren mit dem Musiker Chaitanya Deuter gab, lobte man unsere frische Art, die Meditation den Menschen näherzubringen. Aber man bemängelte unser Problembewußtsein. Es sei leider nicht genügend davon vorhanden. Wir nähmen das Leben zu leicht. Es gab zu viel, um das man sich ständig grämen sollte... Als ob dies eine Hilfe wäre! Diese Art zu denken ist für die Meditation äußerst ungünstig. (Obwohl auch ich noch eine recht gute »Sorgenmaschine« in mir habe.)

Worauf wir unsere Aufmerksamkeit lenken, dessen werden wir uns bewußt. Wenn ich meine Aufmerksamkeit nur auf meine Probleme richte, werden sie mir sehr bewußt und damit auch größer. Wenn ich mein Bewußtsein und meine ganze Energie auf Geld ausrichte, werde ich mehr davon haben. Auch hier hast Du die Wahl, wozu Du Deine Lebenskraft und damit Dein Bewußtsein einsetzen willst. Wenn Du nach Glück strebst, dann entwickle zuerst Deine Dankbarkeit. Du kannst sie nicht kultivieren. Sie ist entweder echt oder nicht. Wenn Du Dein Bewußtsein auf die Dinge lenkst, die Du hast, anstatt auf das, was Du nicht hast, wächst Deine innere Dankbarkeit. Wenn Du Dich dankbar fühlst, fühlst Du Liebe und bist glücklich. Wenn Du Dich selbst lieb hast und damit auch die Fähigkeit besitzt, andere Menschen zu lieben, bist Du glücklich. Nicht ununterbrochen und vielleicht auch nicht jeden Tag, aber die Basis Deines Lebens ruht auf der Fähigkeit zum Glück anstatt zum Unglück; sie ruht in der Bereitwilligkeit Deines Herzens, Dich auch über die kleinsten Dinge des Lebens zu freuen. In diesem Zustand bist Du einfach froh. Ohne Grund. Einfach so, weil es Dir gut geht. Die innere Spaltung ist geheilt.

»Glücklichsein ist eine Funktion der Liebe.

Außer Liebe macht nichts glücklich. Und bei den meisten Menschen liegt das Herz im Tiefschlaf. Werde Dir Deiner Liebe immer tiefer bewußt, denn sobald Dein Herz erwacht ist, wirst Du überaus glücklich sein. Werde Dir dessen immer bewußter, und je mehr es Dir bewußt wird, desto liebevoller wirst Du Dich fühlen.

Wenn Du die Hand eines Freundes hältst, tu es ganz bewußt. Achte darauf, daß Deine Hand Wärme ausstrahlt, daß Energie fließt. Freude, die aus Liebe heraus entsteht, ist die einzige Freude, die es gibt. Wann immer Du liebst, bist Du froh. Wann immer Du nicht lieben kannst, kannst Du auch nicht froh sein. Freude ist eine Funktion der Liebe, ein Schatten der Liebe – sie folgt der Liebe.

Werde also immer liebevoller, und Du wirst immer mehr Freude empfinden. Kümmere Dich nicht darum, ob Deine Liebe erwidert wird oder nicht – darum geht es überhaupt nicht. Freude ist eine automatische Folge der Liebe, ob der andere darauf reagiert oder nicht. Wenn Du liebevoll bist, bist Du froh, und das ist mehr als genug. Das Schöne an der Liebe ist, daß sie ihr Ergebnis schon enthält, daß sie ihren Wert in sich selbst trägt. Sie hängt nicht von der Reaktion des anderen ab. Sie ist ganz allein Deines.« OSHO

Inneren Frieden finden

Und wenn Du innerlich froh bist, dann fühlst Du auch inneren Frieden. Der weiseste Weg ist auch hier der Weg der Mitte, der Weg der inneren Balance. Denn sobald Du in ein Extrem gehst, folgt das Gegenteil auf dem Fuß. Dies solltest Du immer und in allen Lagen bedenken. Jedes Verlangen, jede Erfüllung eines Wunsches zieht mehr Verlangen und weitere Wünsche nach sich! Dieser Kreis ist endlos. Beobachte, wie Dein Denken damit beschäftigt ist, immer mehr zu wollen … Wie Deine Kraft verloren geht, wenn Du diesem Verlangen, immer mehr und mehr zu wollen und zu haben, jedes Mal nachgibst.

Innerer Friede kann nur dann in Dir wachsen, wenn Du zufrieden bist mit dem, was jetzt ist. Wenn Du nichts suchst, wenn Du nichts willst, wenn Du nicht ununterbrochen damit beschäftigt bist, mehr und mehr an Dich zu raffen.

Alle Menschen wollen Frieden. Aber sie wollen nichts dafür tun. Sie möchten so bleiben, wie sie sind, voller Gier und Neid und trotzdem inneren Frieden haben. Das ist unmöglich. Innerer Friede ist ein Geschenk unseres wahren Selbst, nicht unseres Egos mit all seinen endlosen Wünschen, Hoffnungen und Träumen, die sowieso nie erfüllt werden können, da es ständig neue produziert.

Friede braucht Zeit, um zu wachsen. Er kommt auf ganz leisen Sohlen, wenn die Blätter der Eitelkeit fallen und das innere Auge klar wird. Er kommt, wenn Du genießen kannst, ohne besitzen zu müssen. Er kommt, wenn Deine Liebe durch den Schmerz des Loslassens echt und tief geworden ist. Er ist plötzlich da, wenn Du nicht mehr kämpfst ...

Ihn im Äußeren zu suchen, bringt nichts. Die Hindernisse für sein Da-Sein müssen zuerst aus dem Weg geräumt werden. Und dies erfordert Geduld und Zeit, es geht nicht über Nacht. Du beginnst Dich mehr und mehr zu entspannen mit dem, was ist, mit dem, was Du bist und tust. Du trachtest nicht nach mehr. Du willst nicht anders sein, als Du bist. Die Zufriedenheit, die Deine innere Ausgeglichenheit mit sich bringt, ist mehr als genug. In dieser Zufriedenheit liegt Klarheit, ist Liebe und Vertrauen präsent. Du siehst plötzlich die Illusionen Deiner Träume deutlich und mußt lächeln ...

Du spürst, daß Du eine Liebeskraft in Dir trägst, die nicht von Dir »geschaffen« wurde, die immer da war und immer da sein wird, Du hast jetzt die Gelegenheit, sie wiederzuerkennen und fließen zu lassen. Und selbst in Deinem Schatten, in Deinen Ängsten und Zweifeln liegt dieselbe Kraft verborgen, die sich mitteilen will, ohne verurteilt zu werden und einer bestimmten Norm entsprechen zu müssen. Oft liegt gerade in diesem berühmten »Schatten,« dem wir alle nach Möglichkeit ausweichen wollen, die größte Kraft brach. Durch die Erweiterung Deiner Wahrnehmung, das

Loslassen von Vorstellungen darüber, wie die Dinge sein sollten, hast Du die wunderbare Chance, die Kräfte Deines Schattens wie aus einem alten Burggemäuer aus ihrer Gefangenschaft zu befreien. Und indem Du sie nicht mehr weiter bekämpfst, hast Du jetzt die Wahl, sie liebevoll anzunehmen und zu integrieren, also die Spaltung in Dir zwischen »Gut« und »Böse«, zwischen »Recht« und »Unrecht«, zwischen »geliebt« und »ungeliebt« zu heilen.

Dein Schatten setzt sich aus all den Teilen Deines Wesens zusammen, die Du bis jetzt nicht akzeptiert hast. Doch ohne diese Teile bist Du nicht vollkommen; Sie gehören ebenso zu Dir wie Deine guten Seiten. Dein Schatten lebt seit Anbeginn tief in Deinem Unterbewußtsein verborgen. Jetzt ist es an der Zeit, ihn hervorzuholen, diese verdrängten Teile in Dir anzusehen und anzunehmen. Im Erkennen und Annehmen des eigenen Schattens wird unendliche Energie frei, die bisher durch Unaufmerksamkeit gebunden war.

Nur durch Meditation, tiefes In-sich-gehen und eine Läuterung auf der geistigen Ebene – also das Ablegen falscher Moral und sonstiger Beschränkungen – können solche Kreisläufe erkannt und durchbrochen werden.

Dazu ist viel Arbeit und Geduld vonnöten, und wir müssen uns vor Selbstverletzungen in Form von Abwertung unseres Selbstwertgefühls hüten, wenn diese innere Arbeit nicht so schnell Erfolg bringt, wie wir es gerne hätten. Da wir keine eindimensionalen Wesen sind, müssen wir mit unserer Multidimensionalität Frieden schließen und auch unsere noch so mysteriösen und manchmal unheilvoll scheinenden Schattenseiten in Kauf nehmen, sie liebevoll akzeptieren, obwohl sie die von uns angestrebte, perfektionistische »Vollkommenheit« immer wieder herausfordern.

Unser Herz kann noch viel weiter und größer werden, als wir uns dies im Augenblick vorstellen können. Es soll letztlich alles in sich beinhalten dürfen: Licht und Schatten, Gut und Böse, Ekstase und Leid. Denn all dies ist Teil des Lebens.

Übung: Deinen Schatten umarmen

Finde einen ruhigen Platz, an dem Du mindestens eine Stunde lang nicht gestört wirst. Mach es Dir wieder so bequem wie möglich, so daß Dein Körper zur Ruhe kommt und Du wirklich tief loslassen und entspannen kannst.

Laß alle Gedanken und auch Gefühle los …

Erlaube Deinem Bewußtsein,
die Schwelle der inneren Dunkelheit zu überschreiten …
Werde Dir Deiner eigenen inneren Werte bewußt …
Blicke tief in Dich hinein.

Laß ganz langsam ein Bild Deines Schattens entstehen.
Welche Teile Deines Wesens sind in ihm widergespiegelt?

Welche Teile von Dir hast Du darin verbannt?
Welche beschämen Dich?
Vor welchen hast Du Angst?

Laß Deinen Schatten
jetzt auch seine eigene Stimme finden und zu Dir sprechen.
Was sagt er zu Dir?
Laß Dir Zeit.

Laß jeden einzelnen Aspekt seinen Ausdruck finden …
Höre aufmerksam und furchtlos hin.

Öffne Dein Herz
und halte Deinen Verstand still.
Laß reines Bewußtsein zu, reine Aufmerksamkeit,
ohne Wertung.

Laß nun Deinen Schatten
mit ALL seinen Teilen in Dein Herz kommen …
Nimm ihn auf, voll und ganz.

Spüre, wie dieser Schatten plötzlich leichter wird,
wie Licht in ihn einströmt …
Wie er sich verwandelt, weil Du ihn liebevoll annimmst.

Wie er sich verwandelt in Deinem Herzen, wie er licht wird …
durchsichtig … transparent.
Wie er Dich bereichert,
Dich ganz werden läßt und erfüllt.

Wie er ohne Deine mentalen Barrieren
einfach ist, was er ist, wenn Du ihn nicht wertest.

Der Tanz von Schatten und Licht ist auf ewig eins.
Die tiefe Schwärze des Alls ist wie ein Mutterleib,
aus dem das Licht geboren wird, das die Dunkelheit erhellt.
Ohne Licht keine Dunkelheit …
und ohne Dunkelheit kein Licht!

Und so tanzen auch in Dir die lichten mit den dunklen,
geheimnisvollen, unerklärbaren Seiten Deines Wesens.
Zwischen diesen beiden Polen findet der göttliche Tanz statt.

Verwandle durch erhöhtes Bewußtwerden
die Qualität Deiner Wahrnehmung.
Sieh genau hin, wie eins ins andere übergeht …
Wie eins ins andere fließt … und zu ihm wird!

Umarme immer wieder ALLE Aspekte Deines Schattens ganz bewußt in Dir. Volle Aufmerksamkeit ermöglicht ihre Befreiung und damit Erlösung, bewußte Annahme ihre Heilung und Transformation.

So wie gute Vorsätze Unglück in sich tragen können, so kann sich auch das Unbewußte, Ungewollte in Gutes verwandeln.

Siebter Schritt

Das Erwachen der Intuition – Gesundheit durch innere und äußere Balance – Spiritualität im Alltag – Die Weisheit Deiner inneren Mystikerin – Das Ende der Suche – Übung: Nicht mehr üben – EINS SEIN!

Das Erwachen der Intuition

Etwas ist jetzt in Dir erwacht,
eine Flamme, ein Licht, ein Wissen,
das nie wieder erlöschen kann.

Mit der geistigen Wiedergeburt, die jetzt auf vielschichtigen Ebenen in Dir stattfindet, erwacht auch Deine angeborene Intuition wieder zu neuem Leben. Es ist zunächst vielleicht nur wie eine verblaßte Erinnerung an das Wissen einer anderen Dimension, einer anderen Ebene Deines Seins …

Intuition hat nichts mit Denken zu tun. Sie ist viel mehr ein »Gefühl« als ein Gedanke. Sie kommt oft plötzlich und unerwartet wie ein Blitz. Du weißt plötzlich Dinge, die Du vom Verstand her eigentlich nicht wissen kannst. Du bist eingetaucht in den ewigen Jungbrunnen Deiner inneren Welt. Deine geistige Schwingungsfrequenz hat sich verändert. Du weißt, weil Du in diesem Augenblick nicht denkst. Deine Antworten kommen aus Bereichen jenseits aller sprachlichen Definitionen.

Intuition war schon immer ein Geschenk der weiblichen Kraft, ob nun Mann oder Frau sie empfinden. Sie offenbart sich sowohl in Träumen als auch am hellichten Tag. Du beginnst, Energiefelder und Muster zu erspüren, Menschen und Situationen anders zu sehen und zu begreifen. Du denkst an jemanden, drehst Dich auf der Straße um – und da steht der Mensch, an den Du gerade gedacht hast. Wir nehmen viel mehr wahr, als wir uns eingestehen möchten.

Ich war vor einiger Zeit im Winter bei den Cuna-Indianern, die auf einem winzigen Atoll vor der Küste von Panama leben, das nicht größer ist als ein Fußballfeld. Es gab dort nichts außer ein paar Bambushütten und eine Solarzelle für eine Glühbirne in der Küche. Es gab nichts zu tun, als einfach nur da zu sein. Es war wunderbar ... In diesen Momenten des absoluten Nichttuns passiert für mich alles.

Eines Nachmittags in der Hängematte kam folgendes Bild:

Eine gute Freundin aus Deutschland tauchte plötzlich lachend vor mir auf, mit einem kleinen Baby auf dem Arm. Es war ein Mädchen. Ich mußte lächeln, und eine Welle tiefer Freude stieg in mir auf. Am Abend schrieb ich ihr eine Postkarte und erwähnte den Vorfall. Als ich vier Wochen später mit ihr am Telefon sprach, erzählte sie mir, daß sie ein Baby erwartete, ein Mädchen. Sie hatte seit Jahren versucht, schwanger zu werden, und jetzt war es endlich passiert.

Intuition kommt ganz spontan und natürlich, wenn wir entspannt und locker sind. In der Hängematte liegend, an nichts denkend, »fing« ich das Bild über Tausende von Kilometern hinweg auf. Es ist bei mir inzwischen so, daß ich besonders bei Menschen, mit denen ich mich innerlich verwandt fühle und die mir deshalb nahe stehen, eine sehr gute und klare geistige Verbindung habe und oft Dinge weiß, die sie manchmal selbst noch nicht wissen. Zu Anfang war mir dies oft fast ein wenig peinlich; ich sagte nichts, verschwieg lieber, was ich erspürt und gesehen hatte. Inzwischen habe ich mich an solche Vorfälle gewöhnt. Sie erschrecken mich nicht mehr. Ich bin jetzt fähig, sie mitzuteilen.

Ein anderes Mal planten wir eine Reise nach Deutschland. Wir wollten zu Beginn des Monats dort eintreffen.

Doch etwas in mir sagte ganz deutlich, daß wir erst am 29. des Monats dort sein würden und daß ich mich entspannen konnte. Am folgenden Tag ergaben sich die ersten Verzögerungen, und so ging es den ganzen Monat lang weiter. Ich vergaß die Botschaft vollkommen, da einfach zu viel los war. Als wir schließlich in München ankamen, sah ich auf den Kalender. Es war genau der neunundzwanzigste.

Jeder Mensch besitzt intuitive Fähigkeiten, aber sie scheinen oft erst dann stärker hervorzutreten, wenn wir entweder sehr entspannt sind oder eine echte Notlage vorliegt. Wenn wir also etwas wissen »müssen«!

Ein Erlebnis meiner Mutter während des Krieges macht dies sehr deutlich. Sie stand wie jeden Morgen auf einem kleinen Bahnhof bei Teplitz-Schönau und wartete mit vielen hundert Menschen auf einen Zug, der sie in eine Fabrik zur Zwangsarbeit bringen sollte. Der Zug kam mit Verspätung an. Alle stürmten auf die Türen zu und drängten sich hinein. Meine Mutter war die letzte. Ihre Hand lag um den Haltegriff des Zuges, zur Rechten der Tür. Doch sie konnte nicht einsteigen. Obwohl sie wußte, daß sie bestraft werden würde, wenn sie nicht rechtzeitig zur Arbeit kam, machte ihr Körper keine Bewegung zum Einsteigen. Sie war wie erstarrt und konnte sich nicht vom Fleck rühren.

Schließlich hörte sie den Pfiff der Lokomotive. Jemand schloß die Türen. Ihre Hand fiel vom Haltegriff. Wie benommen stand sie auf der Plattform des Bahnhofs. Sie würde auf einen späteren Zug warten müssen. Sie wartete lange ... Doch der nächste Zug kam nicht. Der Zug, in den sie nicht hatte einsteigen können, war entgleist.

Es ist mir nicht klar, wie sie dieses Unglück kommen spürte, aber ihr Körper schien in diesem Augenblick mit ihrer Intuition so verbunden zu sein, daß er sich nicht rührte, als sie einsteigen wollte. Ein paar Wochen später erfuhr sie, daß sie mit mir schwanger war. Dies entband sie von aller weiteren Zwangsarbeit. Sie erzählte mir außerdem, daß sie und die ganze Familie oft »wußten«, wann die nächsten Luftangriffe zu erwarten waren, und somit immer genügend Zeit hatten, in den Luftschutzkeller zu eilen. Nach einem besonders schweren Angriff, der fast alle Häuser in der ganzen Gegend zerstört hatte, fanden sie ihres unversehrt inmitten der Trümmer. Wir werden nie genau wissen, wie Intuition »funktioniert«, aber sie ist so real oder so irreal wie alles andere in unserem Leben auch.

Ich glaube, daß die Menschen früher, als sie noch vollkommen in Einklang und Harmonie mit der Natur lebten, einen völlig natürlichen Zugang zu ihren intuitiven Kräften besaßen.

Damals gab es noch keine elektromagnetischen Felder und Satelliten, die die Erde umkreisten und ihre Schwingungen störten. Der Himmel war klar und des Nachts übersät mit einer solchen Vielzahl von Sternen, wie wir uns das heute gar nicht mehr vorstellen können. Kein Lärm, keine Abgase von Autos oder Flugzeugen verpesteten die Atmosphäre, kein Schrott umkreiste den Planeten. Die »Leitungen« zum inneren und äußeren Himmel waren klar und offen. Das Leben war zwar oft schwer, aber in einem anderen Sinne. Es galt zwar zu überleben, aber das Dasein war nicht angefüllt mit rastlosen Gedankenschleifen und einer Panik, die stündlich wuchs. Der Erdball war leer, im Vergleich zu heute. Damit waren auch die Energiefelder leerer und wesentlich größer. Daher konnte auch mehr »aufgefangen« werden aus Sphären jenseits der irdischen Existenz. Das Leben war deshalb wesentlich magischer und geheimnisvoller als heute, da es weniger erklärt und somit nicht seiner Mystik beraubt war.

Heute kämpfen wir bereits darum, überhaupt noch frei atmen zu können; wir kämpfen um Lebensraum, wir kämpfen um physisches und psychisches Überleben. In dieser unmenschlichen Überfüllung des Planeten ersticken wir fast in absurden, total veralteten Gesetzen und

Dogmen, festgelegten Daten, rigiden Ordnungsformen und Beton. Es bleibt kaum Raum zur intuitiven Entfaltung. Intuition aber braucht Raum, braucht Platz, braucht Freiheit. Intuition braucht einen feinen Kanal, eine Öffnung jenseits der Materie. Ihre Energie ist nicht von dieser Welt. Wir können sie nur spüren, wenn wir innerlich still genug sind. Manchmal überrascht sie uns auch in einer vollen Straßenbahn. Doch immer in einem Augenblick, in dem wir ablassen von unseren Sorgen und Gedanken und frei sind, sie zu empfangen. Aber unser innerer Raum und unser gesamtes Leben sind meistens zu voll, zu überfüllt, um Intuition überhaupt noch wahrzunehmen. Angefüllt mit Aktivität von früh bis spät, jagen wir durch den Tag und beschweren uns dann, daß wir keine Zeit haben!

Ich habe einen guten Freund, der sich beschwert, der nie Zeit hat. Nicht für sich selbst und schon gar nicht für andere. Schweißgebadet und von endlosen Kopfschmerzen geplagt, rast er ohne Unterlaß um den Erdball, um WAS zu finden? Wenn Du neben ihm sitzt, spürst Du genau, daß er nicht DA ist. Es ist niemand zu Hause ... Er ist irgendwo in Gedanken verloren ... bei einem Projekt, das Tausende von Kilometern entfernt ist. Er ist erschöpft vom vielen Nachdenken. Aber er jagt weiter, gönnt sich keine Pause und beschwert sich weiter, daß er niemals genug Zeit hat.

Dabei sind wir selbst es, wir allein, die die Stunden bis zum Rande füllen, bis sie platzen. Keiner sagt uns, daß wir so leben müssen. Wir allein sind es, die diese Lebensform gewählt haben, aus welchem Grund auch immer. Ob wir Prestige oder Macht suchen – Zeit ist in dieser Welt bekanntlich Geld, und dies wollen wir uns nicht entgehen lassen. Was uns dabei aber wirklich entgeht, ist wesentlich wertvoller. Es ist unsere Lebenszeit, die eben nicht endlos ist, obwohl es oft so scheint. Die Hektik, an die wir uns gewöhnt haben, schlägt sich letztlich irgendwann in Unwohlsein und Krankheit nieder. Hyperaktivität produziert hohen Blutdruck und tiefste Verspannungen in Muskulatur und Organen. Der gesamte Körper leidet. Wofür?

Gesundheit durch innere und äußere Balance

Ich habe die Notwendigkeit eines harmonischen Gleichgewichts bereits in den ersten Schritten angesprochen, aber möchte an dieser Stelle noch einmal eindringlichst darauf hinweisen. Denn erst wenn dieser Punkt ganz und gar verstanden ist, verändern sich die eingefahrenen Lebensgewohnheiten auf intelligente Art und Weise ganz von selbst. Wir handeln dann nicht mehr gegen unsere Natur. Wir wissen dann, daß alles eins ist, zutiefst miteinander verbunden. Und wenn wir uns weiter selbst mißhandeln, so werden wir auch die Konsequenzen tragen müssen.

Finde heraus, wo und in welchen Situationen Du noch immer gegen Dich selbst arbeitest, Dir mehr aufbürdest, als Du eigentlich tragen kannst und willst.

Frage Dich ganz ernsthaft, warum Du es noch immer tust.

Ist es kollektive Unbewußtheit, eine Art von Unachtsamkeit, von Unfreundlichkeit oder sogar Ablehnung Dir selbst gegenüber?

Was bekommst Du dafür?

Warum erlaubst Du keine Veränderung?

Was geschähe, wenn Du Deine innere Balance wiedergewinnen würdest?

Gesundheit, innere wie äußere, beinhaltet immer ein gesundes Gleichgewicht, eine subtile Balance, einen harmonischen Zustand, in dem die Dinge ohne übermäßigen Streß funktionieren. Ohne Balance, ohne ein bestimmtes Maß an innerem Equilibrium gibt es keine Gesundheit. Eine Störung unseres inneren Gleichgewichts über einen längeren Zeitraum kann Krankheit auf den verschiedensten Ebenen nach sich ziehen. Krankheit ist in vielen Fällen das Ergebnis eines verlorengegangenen Gleichgewichts in unserem fragilen Körpersystem.

Dasselbe gilt für die Welt.

Unser Planet, und damit natürlich auch bis zu einem gewissen Grad unser Leben, hat seine Balance verloren. Das kann man überall deutlich beobachten. Und diese Beobachtung tut not. Auch wenn sie schmerzt. Überbevölkerung bedeutet den Verlust eines natürlichen Gleichgewichts. Ein begrenzter Raum, der überfüllt wird, verliert seine Stabilität, verliert sein Gleichgewicht. Wenn Wälder gerodet werden, damit noch mehr Menschen dort Platz finden, gibt es bald keine Luft zum Atmen mehr.

Wahre Intelligenz bedeutet nichts anderes, als dies zu sehen und dementsprechend zu handeln. Wenn kein Gleichgewicht geschaffen wird, wird sich der Planet irgendwann selbst helfen müssen. Denn ein gewisses Gleichgewicht ist die Voraussetzung sowohl für sein als auch für unser Überleben. Das ist keine Schwarzmalerei, jeder kann die Fakten und Daten für sich selbst überprüfen. Da wir auch selbst täglich unachtsam mit unseren Energien umgehen, indem wir überspannten Erwartungen folgen, besteht der erste Schritt darin, sich über diese Tatsachen bewußt zu werden. Dazu gehören wieder absolute Ernsthaftigkeit und Ehrlichkeit. Uns bleibt nichts anderes übrig, als unsere wahren Motive zu erkennen. Jeder für sich. Und es wird leider trotzdem die Zeit brauchen, die es braucht, obwohl wir sie kaum mehr haben, denn Erkenntnis ist nicht erzwingbar.

Jedes Mal, wenn ich mich zu etwas zwinge, mich stresse, um etwas noch schneller oder noch besser zu machen, verletze ich mich. Ich verliere das Bewußtsein, vergesse mich vollkommen, werde zu einer Marionette. Ich rase dahin, ohne zu wissen warum. Mein Kopf produziert Gedanken einer Dringlichkeit, die völlig sinnlos ist. Und doch stehe ich immer wieder, wenn ich nicht aufpasse und den Mechanismus rechtzeitig erkenne, unter der Macht dieser Gedanken.

Sobald du erkannt hast, welche Irrtümer sich aus einem gestörten Gleichgewicht in Dir ergeben, beginnst Du, bewußter zu leben. Du kannst es Dir nicht mehr leisten, unbewußt zu sein und in Exzessen zu schwelgen.

Doch ist es andererseits vollkommen normal, auch einmal krank zu werden. Aber in der Regel sind die meisten von uns, wenn sie nur ein wenig mehr auf sich achten, gesund. Das allein ist wie ein Wunder. Der Körper geht immer wieder in bestimmten Abständen, wie etwa im Frühjahr, durch Phasen, in denen er sich reinigt. Erkältungen beispielsweise gelten in Japan nicht als Krankheit, sondern sind Anzeichen einer Säuberung des Körpers und werden deshalb nicht bekämpft. Auch Fieber ist ein Teil dieser Reinigung. Die westliche Medizin bekämpft aus lauter Angst viel zu oft die normalen Reaktionen des Körpers und schwächt dadurch sein Immunsystem. Dies entspringt dem falschen Glauben, daß der Körper keine eigene Weisheit besitzt und sich nicht allein heilen kann.

Dafür bin ich selbst ein gutes Beispiel. Als ich in Indien lebte, durchlief mein Körper eine ganze Serie von Krankheiten zur selben Zeit. Ich bekam Hepatitis, Nierenentzündung, Blasenentzündung und Amöbenruhr auf einmal. Die verschiedenen Antibiotika, die ich nahm, beeinträchtigten sich jedoch gegenseitig negativ, und ich fühlte mich immer elender. Nach einer Woche war ich unfähig, mir die Pillen zum Mund zu führen. Mein Arm verweigerte schlichtweg diese Bewegung. Nebenan wohnte zum Glück ein japanischer Heiler, den ich um Hilfe bat. Von da an nahm ich keine Medikamente mehr.

Er behandelte mich täglich mit Akupunktur an bestimmten Punkten meiner Wirbelsäule. Meine Diät bestand aus Reis und Soyasauce. Nach drei Monaten war ich vollkommen gesund. Während dieser Zeit hatte er nicht nur meinen Körper durch die »Energiemanipulationen« an meiner Wirbelsäule bei seinem Heilungsprozeß unterstützt, sondern mir gleichzeitig seine Heilmethoden vermittelt. Die JU-KI-Heilbehandlung wurde später ein wichtiger Teil meiner Ausbildung in Körperarbeit.

Spritualität im Alltag

Deine erwachende Spiritualität ist keine Maske für die anderen, damit sie Dich höher schätzen oder damit Du ihnen zeigen kannst, daß Du besser bist als sie. Sie ist voller Demut und Mitgefühl. So viel Demut und Mitgefühl, wie Du auch für Dich selbst entwickelt hast. Dann bist Du keine »Sonntagsheilige«, sondern ein Mensch, der täglich sein Bestes gibt, in dem Bewußtsein, das eigene Leid und die Leiden der Welt durch Aufmerksamkeit, Ehrlichkeit und gelebte Liebe ein wenig zu verringern. Dies nenne ich »Spiritualität im Alltag«.

Sie findet nicht nur in der Kirche und nicht nur zu besonderen Zeiten statt. Die Liebe und das Mitgefühl sind jetzt zu einem Teil von Dir geworden. Du lebst Deine Liebe wirklich und wahrhaftig, sie ist zu Deiner eigenen Wahrheit geworden, weil Du Dich selbst in ihrem Wirken erkannt hast. Du lebst nicht mehr getrennt von ihr. Und dann ist es gleich, wen Du damit berührst, ob es ein Heiliger oder ein Sünder ist. Du strahlst sie aus, ohne zu diskriminieren, ohne damit in Konflikt zu sein, ob der andere es wert ist oder nicht. Die Sonne macht auch keinen Unterschied, auf wen sie herabscheint!

Dieser Kreislauf der Kraft beschenkt Dich mit einem Gefühl der inneren Harmonie und Freude. Einer Freude, deren Quelle niemals versiegt; einer Harmonie, deren Fülle Dich bis in jede kleinste Zelle aufjubeln läßt. Und das ist für mich echte Spiritualität. Eingebunden zu sein in den Kreislauf des Lebens, voller Vertrauen und Hingabefähigkeit an das, was IST. An Gott, wenn Du so willst, an die göttliche Kraft, an das Unbenennbare, an das Allmächtige.

Denn fast all unsere Probleme sind spiritueller Natur. Wir fühlen uns abgetrennt, einsam, verloren. Wir haben vergessen, wer wir sind. Daher das Drängen, das Fliehen, das Abrutschen in die Süchte. Wir wollen wieder eins werden, wollen nach Hause kommen, wollen wissen, wer wir sind. Deshalb die innere Reise zurück zu Dir selbst, zu Deinem Wesen, zu Deiner Seelenkraft.

Dann kannst Du Deine Einsichten mit anderen teilen, ohne sie ihnen aufzuzwingen. Du kannst Dich öffnen ohne die Angst, Dich zu verlieren, kannst wirklich total und vollkommen Du selbst sein. Dann beschenkt dieser Austausch nicht nur die anderen, sondern auch Dich selbst. Du lernst, indem Du Dich offen mitteilst und wirklich präsent bist. So findet wahrer Kontakt statt. Und aus diesem echten, tiefen Kontakt mit anderen strömen Liebe, Kraft und Hingabe.

Das Leben ist eine Gelegenheit, Dich im Körperlichen zu erfahren, Erkenntnisse zu sammeln, Erfahrungen zu machen, die Materie zu erleben, zu lieben und zu leiden und ... Dich schließlich zu erinnern.

Doch du bist nicht nur dein Körper!

Deshalb ist die Erinnerung an Dein wahres Selbst so wichtig. Zu vergessen, daß alles in dieser Welt vergänglich ist, und sich trotzdem daran festzuklammern, verursacht Leiden, die nicht sein müßten, wenn wir bewußter wären. Erst die Erkenntnis, daß nichts für immer ist, daß Wandel und Transformation nicht nur in uns, sondern immer und überall geschehen, daß wir nichts halten können, bedeutet unsere endgültige innere Befreiung.

Echtes Erwachen, wahres Verständnis, echte Einsicht bedeuten immer sofortige Transformation.

Doch der Weg dorthin besteht aus vielen kleinen und großen Schritten, aus leichten und aus schweren; aus sinnlos scheinenden und aus den sogenannten sinnvollen. Laß keinen dieser Schritte aus. Der subtile Mechanismus Deiner inneren Ausgewogenheit reagiert auch auf die allerkleinste Schwingung.

Sobald Du weißt, was Dich »treibt«, kannst Du die Zügel selbst in die Hand nehmen. Es wird so selbstverständlich sein wie Dein Atem. Plötzlich fallen die Vorstellungen darüber, wie es zu sein hat, weg. Aus Deinem eigenen Zentrum des Gleichgewichts ergeben sich alle Dinge in ihrer eigenen Harmonie. Es gibt kein Fehlgehen und keinen Verlust. Alles, was Du tust, ist richtig, weil es Deiner eigenen inneren Balance entspringt. Und wenn Du Dein Gleichgewicht wiedergewonnen hast, lösen sich auch Deine Probleme. Denn dann beginnst Du, Dich innerlich mehr und mehr zu entspannen. Und nur in der Ent-Spannung, jenseits von allen mechanischen, verkrampften Gedankenschleifen, kommen auch die Lösungen Deiner Probleme zu Dir.

Die Weisheit deiner inneren Mystikerin

Die Weisheit Deiner inneren Mystikerin hilft Dir so, den Weg zu Dir zurück zu finden. In Stille und Andacht liegt der Schlüssel, im Nicht-Identifiziert-Sein, in der Ekstase, der Lösung, dem Erwachen. Im Wissen, daß das Vergängliche nicht ewig sein kann, sondern daß sich ALLES verändert, daß Stimmungen, Situationen und Menschen sich wandeln, haben wir die Freiheit zu sehen, daß Festhalten wirklich nur Leid bringt. Versuche einmal, Deinen Atem anzuhalten und übertrage dies mental auf jede beliebige Situation. Du wirst ausatmen müssen oder es wird für dich ausgeatmet. Du wirst loslassen, früher oder später, ob Du willst oder nicht.

Und so, wie Du den Atem nur einige Sekunden halten kannst, so kannst Du auch Deine Lebensumstände nur für eine kurze Zeit auf eine bestimmte Art und Weise festhalten, bis sich alles wieder verändert.

Der Vorhang geht auf, der Vorhang senkt sich. Heute stehst Du stolz auf dem roten Teppich, der für Dich allein ausgerollt wurde, morgen stehst Du am Straßenrand. Heute nennst Du nichts Dein eigen, morgen sitzt Du in einem Palast. Heute scheint Dein Leben aussichtslos, morgen weißt Du, wo Du hingehst.

Die Antworten bringt das Leben selbst.

Mach Dich bereit.

Ruh Dich nicht allzu lange auf Lorbeeren aus …

Du schläfst sonst ein und verpaßt den Zug.

Sei wach, wenn Du die Gipfel besteigst,

und sei wach, wenn Du das Tal der Schatten durchwanderst ...
Laß Dich nirgends zu lange nieder.
Bleibe in Bewegung.
Genieße die Früchte der Stille,
die Dir Deine Meditation schenkt.
Halte den Fokus ohne Anstrengung, ohne Mühe.
Laß Dich täglich in den Zustand der spontanen Meditation gleiten.
OHNE ETWAS ZU TUN,
OHNE ETWAS ZU WOLLEN,
OHNE ETWAS BESTIMMTES ZU SEIN.

Die Weisheit Deiner inneren Mystikerin untersteht keinerlei weltlichen Gesetzen. Sie hält sich zwar an die äußeren Gesetze, aber ohne sich innerlich von ihnen kontrollieren zu lassen. Sie weiß, daß es nicht klug ist, sich mit mechanischen Kräften in einen Kampf einzulassen.

Sie macht sich unsichtbar, indem sie keinen Widerstand leistet!

Sie ist weise geworden und schützt sich gegen die überspitzten Anforderungen einer getriebenen Gesellschaft. Sie versteht es, ihren »Raum« zu nehmen und zu halten. Deine innere Mystikerin tritt jetzt in Situationen, die nach Weitsicht und Umsicht verlangen, klar zutage. Ihre Weisheit ist menschlich, mitfühlend, transzendierend. Sie blickt weiter als Dein physisches Auge. Sie versteht Deine Motive. Sie hilft Dir, Dich zu entscheiden, indem sie Dir zeigt, daß Du Dich nicht entscheiden mußt! Sie hilft Dir, Deine Stille, den Punkt Deiner inneren Ausgewogenheit zu finden und zu halten. Aber nicht auf eine rigide Weise, sondern fließend und beweglich.

Die Lösungen bestimmter Umstände sind Entwicklungen, die nicht voraussehbar sind, weil Du sie Dir nicht einmal vorstellen kannst. Wenn Du dem Fluß der Dinge folgst, braucht es keine willentliche Entscheidung!

Die Kraft, die dich wachhält, tut dir gut!

Mit wachsender Klarheit wiederholst Du gewisse Fehler nicht mehr, Du tust Dir selbst nicht mehr weh. Es gibt keine Ausreden mehr, weil Du jetzt weißt, wie Du mit Dir umgehst. Du achtest jetzt auch mehr auf die Bedürfnisse anderer, ohne Deine eigenen dabei zu übersehen. Nachdem Du Deine Erwartungen genau angeschaut hast, weißt Du, daß Du ohne sie glücklicher bist. Denn Erwartungen folgen immer Enttäuschungen. Beobachte Deine Erwartungen, sie sind normal, jeder Mensch hat sie. Aber mache sie nicht mehr zum Ziel!

Was vorher nur mit Mühe möglich war, fließt jetzt spontan und ohne Anstrengung. Alles geschieht fast wie von selbst. Je inniger Du die Kraft Deiner Mystikerin spürst und je liebevoller Du mit Dir selbst umgehst, desto deutlicher spricht das Leben in seiner Einheit zu Dir. Es beginnt Dir zu helfen, es beginnt Dich mehr und mehr zu leiten und zu unterstützen. Du lebst nicht mehr getrennt, bist keine einsame Insel ohne irgendwelche Verbindungen im riesigen Meer des Lebens. Du siehst plötzlich das gemeinsame Zentrum, die Mitte, von der alles im Universum ausstrahlt. Die Mitte in Dir, die auch mit allen anderen Wesen in Verbindung steht. Und obwohl, je nach Typ und Temperament, der Ausdruck der Lebensenergie in allen Menschen verschieden ist, so durchströmt doch alle dieselbe positive Kraft.

Das ist die wichtigste Lehre der Upanischaden, der Schriften der Mystiker des alten Indiens:

Nichts ist getrennt,
nichts ist höher oder tiefer,
nichts ist besser oder schlechter,
nichts ist heiliger oder unheiliger.
Alles existiert miteinander verwoben und verbunden,
bis hin zum kleinsten Partikelchen des Universums.

Wenn dieses Bewußtsein heute herrschen würde, sähe die Welt vollkommen anders aus. Sobald Dir dies in der Stille der Meditation zur Gewißheit geworden ist, endet die Suche. Die ewige Suche des Menschen im Außen nach seiner göttlichen Reflektion. Die notwendige Suche, ohne die Du Dein Ziel nicht erreichst. Das Ziel, nicht mehr zu suchen, sondern heimzukehren in Dein Inneres.

Das Ende der Suche

Diese Wendung kann geschehen, wenn Du sie mit aller Kraft anstrebst und mit absoluter Totalität suchst! Die Kraft muß gebündelt sein, zentriert. Du brauchst Deine volle Energie. Um Deine Verbindung mit allem um Dich herum zu erkennen, mußt Du Deine ganze Kraft einsetzen. Du hast jetzt die Chance, vollkommen offen zu sein und keine Barrieren, keine mentalen Wände, keine Abgrenzungen mehr zu schaffen. Du kannst ganz nackt sein, ohne Masken oder Verstellungen.

Deshalb kommt Erkenntnis oft in Zuständen tiefster Verzweiflung, wenn keine Hoffnung mehr bleibt, den Traum noch einmal zurückzuholen. Dann bist Du wirklich nackt, dann kann Dir Dein Ego nichts mehr vorgaukeln. Dann mußt Du hinsehen, mußt Deinen Schmerz annehmen, wie er ist. Du kannst gar nicht anders; es sind keine Ablenkungen mehr da. Dein Schrei nach Licht und Erlösung kommt aus vollstem Herzen. Und damit beginnt die Wandlung, damit fängt für Dich ein völlig neues Dasein an, das seine Schönheit in allen Facetten des Lebens widergespiegelt bekommt. Ein Dasein, in dem Du Dich im Ganzen erkennst und das Ganze in Dir.

Das Ende der Suche ist weder positiv noch negativ. Es ist die Frucht einer langen Entwicklung. Es ist die Blüte Deiner inneren Erkenntnis, das Geschenk Deiner eigenen Wahrheit. Eine Last fällt von Deinen Schultern. (Doch das weißt Du erst, wenn sie wirklich abfällt.)

Solange Du suchen mußt und willst, SUCHE! Laß Dich von niemandem von Deiner Suche abbringen, bleibe ihr treu, bis Du den Kreis vollendet hast. Solange Du etwas suchst, hast Du zu tun. Die Suche gibt Deinem Leben einen Sinn. Du hast ein Ziel. Auch wenn es nie erreicht wird, da es sich fortwährend in der Zukunft befindet, gibt es Dir Boden unter den Füßen. Du kannst Dich mit etwas Positivem identifizieren.

Aber was passiert mit meinem geistigen Wachstum, fragst Du Dich, wenn die Suche aufhört? Wenn es nichts mehr gibt, auf das ich zusteuern kann? Es ist nicht so, daß Dich von nun an nichts mehr interessiert (obwohl es auch solche Momente gibt). Du hast Interessen, aber Du legst keine Angelhaken mehr aus. Du bleibst innerlich bei Dir, weil Du jetzt um das Geheimnis der Verbundenheit allen Lebens weißt. Deshalb gibt es nichts zu bekommen oder zu erreichen. Du weißt jetzt, daß Dein Zentrum in Dir ist und daß die äußere Welt Deine innere Welt getreulich widerspiegelt.

Die anfängliche Suche nach Vervollkommnung, nach Perfektion, ist ein ganz wichtiger Schritt zu Dir selbst hin. Doch einmal bei Dir angekommen, fällt der Sinn dieser Suche weg. Es gibt weder etwas zu suchen noch etwas zu finden. Du bist jetzt eins mit Deiner inneren Mystikerin, mit Deinem Wesen. Die Spaltung ist geheilt. Alle Schuldgefühle haben sich aufgelöst. Du bist frei. Du lebst spontan und verplanst Dein Leben nicht mehr. Du agierst aus dem Herzen heraus. Der innerliche Konflikt ist gelöst.

Da Du nichts mehr darstellen mußt, weil Du Dich selbst angenommen hast in Deiner widersprüchlichen Totalität, kannst Du ganz natürlich Du selbst sein, und das ist das allergrößte Abenteuer.

Ein Leben, das Du nicht ununterbrochen kontrollieren willst, kann erblühen.

Ein Leben, dessen Kraft ungehindert fließen kann, weil genug Vertrauen vorhanden ist, kann sich in ungeahnte Höhen aufschwingen.

Ein Leben, das von dem Ballast der Vergangenheit befreit ist, hat die Chance, göttlich zu werden.

Laß Dich überraschen!

Deine innere Mystikerin, die Priesterin, die Du bist, öffnet Dir die Pforten des Paradieses, wenn Du bereit bist, über die Schwelle zu treten. Innerlich heimgekehrt, siehst Du alles in einem neuen Licht. Das Wort sagt es bereits: Das Licht ist neu. Du siehst mehr. Du siehst deutlicher. Du siehst Dich selbst in allem klarer widergespiegelt. Und damit beginnt ein völlig neuer Abschnitt in Deinem Leben. Das Ende der Suche bedeutet, daß Du jetzt mit Deiner Aufmerksamkeit, mit Deinem Bewußtsein in der Gegenwart bist. Du suchst nichts, weder äußerlich noch innerlich. Denn Du weißt jetzt, daß Du wirklich alles in Dir hast, wonach Du gesucht hast.

Doch das Ende der Suche ist nicht für jeden ...

»Ein Mensch war auf der Suche nach Gott. Er suchte ihn im ganzen Universum. Überall, hinter allen Sternen und Galaxien. In allen Sonnensystemen und in allen Welten.

So verging sein Leben. Eines Tages war er endlich ganz am Ende des Universums angekommen. Dort stand ein kleines Haus. Er näherte sich vorsichtig. Er zog seine Schuhe an der Türe aus, um keinen Lärm zu machen. Vielleicht war Gott wirklich hier!?

Als er die Türe öffnete, fand er Gott tatsächlich schlafend auf dem Bett. Er wußte nicht, was er tun sollte ... Plötzlich schien er verwirrt und traurig. Dann drehte er sich um und verließ vorsichtig das Haus. Er schloß die Türe so leise wie möglich hinter sich, nahm seine Schuhe in die Hand und schlich davon.

Unter keinen Umständen wollte er Gott wecken ... denn sonst wäre seine Suche beendet und damit sein Leben vorbei gewesen.«

So geht es einigen von uns auch.

Die Suche endet tatsächlich ganz von selbst, sobald Du Dich gefunden hast. Und das bedeutet nicht, daß von nun an alles immer herrlich positiv und gut sein wird. Das Leben und die Welt gehen weiter. Aber Du bist anders. Dein Bewußtsein hat sich verändert. Etwas in Dir hat sich verwandelt, und zwar vollkommen. Mit Deiner Selbstannahme hört auch jede Form der Konkurrenz auf. Du blickst nicht mehr nach außen, um zu verstehen, wer Du bist.

Der Fokus Deines Bewußtseins ist jetzt nach innen gerichtet, auf Dein Wesen hin. Die Vision Deines Lebens ist klar, Dein innerer Raum unendlich. Jetzt kannst Du Dein Leben in aller Freiheit genießen und auch die traurigen Tage nehmen, wie sie kommen, ohne in die tiefen Löcher der Depression zu fallen und zu glauben, daß dies Deine einzige Realität ist. Sie ziehen vorüber auf Deiner äußeren Leinwand, wie in einem Film. Du kannst mitweinen oder mitlachen. Es liegt ganz bei Dir und das weißt Du jetzt mit Sicherheit. Das kann Dir niemand mehr nehmen. Du verkörperst jetzt Deine tiefsten Einsichten.

Das göttliche Geschenk, welches das Ende der Suche mit sich bringt, erhältst Du erst am Schluß Deiner Reise zu Dir selbst. Du verstehst, daß es nicht früher kommen kann. Aber es kommt immer im richtigen Augenblick. Nämlich dann, wenn Du es nicht erwartest und es eigentlich auch nicht mehr brauchst!

Übung: Nicht mehr üben – EINS SEIN

Latihan ist ein uralter, mystischer Tanz, bei dem Du Deinen Körper in keiner Weise forcierst, sondern ihn einfach seine natürlichen, spontanen Bewegungen ausführen läßt.

Du tust nichts, du läßt alles geschehen. Es ist das Einfachste und gleichzeitg auch das Schwerste von allem …

Zieh ganz bequeme Kleidung an, öffne das Fenster und laß viel frische Luft in Dein Zimmer. Im Freien, zum Beispiel auf einer Wiese, ist diese Übung besonders kraftvoll.

Leg Deine Lieblingsmusik auf.

Stelle Dich in die Mitte des Raumes
und schließe Deine Augen.
Du stehst mit leicht gebeugten Knien, barfuß,
Deine Arme hängen locker
an beiden Seiten Deines Körpers.

Lausche nur auf die Töne der Musik ...
Tu nichts.

Bleib so lange stehen,
Bis dein Körper sich von selbst zu bewegen beginnt!

Wie ein Bambus im Wind ...
Laß Dich sanft in seinen Rhythmus,
in diese neue Schwingungsfrequenz fallen ...

Laß alles willentliche Tun in Dir jetzt vollkommen los ...

Beobachte, wie sich Dein Körper ganz von selbst streckt,
ausdehnt ...
weicher wird ... und sich ganz von selbst bewegt.

Weil seine Kraft jetzt frei ist zu fließen, wie sie will ...
Hierher und dorthin,
ohne Grund, einfach so,
aus einer natürlichen, freudigen Spontaneität heraus,
sich bewegend im Fluß der Töne ...

Laß Dich ohne die Einmischung Deines Denkens
tiefer und tiefer
in Dich selbst hineinfallen ...
Zu Deiner Mitte hin,
in Dein Zentrum,
in Dein Herz.

Ohne Gedanken,
wie der Tanz zu sein hat.
Geh einfach mit dem Fluß der Töne,
mit der Melodie,
und laß dabei immer weiter und tiefer los ...
in den Rhythmus Deiner eigenen Lebenskraft.

Jede Bewegung ist richtig!

Deine Kraft fließt ohne Hindernisse
durch Deinen ganzen Körper ...
Ein Gefühl der Ekstase, der Einheit,
des Eins-Seins erfaßt Dein Wesen,
Dein Herz, Deine Seele, Dein ganzes Sein.

Es geschieht OHNE DEIN TUN!
Es geschieht von selbst,
hier und jetzt.

Die heilende Schwingung
einer neuen Dimension
breitet sich aus ...
durchpulst jede Körperzelle mit frischer Kraft,
durchströmt Dich mit Liebe ...

In leidenschaftlicher Totalität wirst Du zum Tanz selbst!

Weil du losgelassen hast,
kann Deine Seele ihre Flügel jetzt nutzen lernen
und Dich höher tragen als jede Phantasie, als jeder Traum.

Für diese Zeit bist Du frei,
gelöst von Schwerkraft und Identifikation.
Du bist frei zu fließen mit Dir selbst,
mit Deiner Lebenskraft, in Harmonie und Freude.

Du bist frei zu sein,
was Du schon immer warst und immer sein wirst,
ohne Name und Form ...
Und in dieser ekstatischen, inneren Freiheit
geschieht die Wiedererinnerung an das Wunderbare ...

Von nun an tanzt Du, ohne zu tanzen!
Indem du es mehr und mehr geschehen läßt,
beginnst Du zu sehen,
daß alles, was ist, war und immer sein wird,

nur das eine ist, welches Du schon immer gesucht hast,
ohne es jemals verloren zu haben.

Und so wie dieser spontane Tanz
kann auch Dein Leben
– immer wieder neue Formen findend,
sich selbst hingebend, sich selbst erneuernd –
überraschend glücklich sein!

Wenn du erlauben kannst,
daß Du nicht immer weißt
und auch nicht immer wissen mußt …

Wenn Du auch loslassen kannst,
ohne zu verstehen …

Wenn Du die Kontrolle aufgibst,
alles beherrschen zu müssen,
aus der Angst heraus,
niemand zu sein.

Wenn Du Dich Deinem inneren Tanz
immer wieder total hingeben kannst …
ohne zu denken,
ohne Dich in Gedanken zu verlieren,
Dich bewegen läßt vom Leben
und seiner größten Kraft, der Liebe.

Das Geheimnis des Tanzes
ist auch das Geheimnis des Lebens
und der Liebe.
Es liegt im Tanz selbst verborgen.

Der Siebenerzyklus unserer Bewußtwerdung und inneren Entwicklung

Erster Zyklus: Eins bis Sieben

Inkarnation. Eintritt in die Welt durch den Körper. Unbewußte Unschuld. Göttliches Eins-Sein und Verbundenheit mit allem. Fließendes inneres und äußeres Wachstum. Ungebrochene Energie. Die Fähigkeit, das Wunder zu erfahren. Sich selbst genug sein. Ungespalten. Keine Vorstellung von Zeit. Reines Erleben des Mysteriums.

Zweiter Zyklus: Sieben bis Vierzehn

Der Beginn des Lehrprogramms. Selbst-Bewußt-Werdung. »Verlust« der inneren Einheit und Unschuld. Spaltung durch Denken. Lernzwang. Erste Schuldgefühle. Religiöses Dogma. Die Libido erwacht. Der Kampf mit Eros und dem eigenen Wesen beginnt. Vergleiche und Erwartungen werden geboren. Zeit wird Teil der bis dahin unendlichen Gegenwart.

Dritter Zyklus: Vierzehn bis Einundzwanzig

Rivalität. Ehrgeiz. Dualität. Sinnlichkeit. Sex. Der Wunsch nach Liebe. Streß. Drang nach absoluter Freiheit. Abschied vom Elternhaus. Der Wunsch, jemand zu SEIN! Selbstausdruck. Die Angst, nicht zu genügen. Rebellion. Innerer Kampf. Das Ego erwacht. Grenzenlose Phantasien und Träume.

Vierter Zyklus: Einundzwanzig bis Achtundzwanzig

Studium und Karriere. Eventuell Ehe und Kinder. Unfertige Persönlichkeit. Lust. Kraft. Drang, den einzig richtigen Partner oder die einzig richtige Partnerin zu finden. Innerlich noch abhängig. Suche nach emotionaler Sicherheit, Geborgenheit und Liebe. Der Wunsch, sich zu definieren.

Fünfter Zyklus: Achtundzwanzig bis Fünfunddreißig

Zeit einer großen Transformation! Unaufhaltbarer Wandel. Durchbruch. Loslassen alter Lebensumstände. Schnelle, unvorhersehbare Wechsel der Lebensumstände. Abrupte Trennungen. Durchbruch in eine neue Existenz. Der Wunsch nach kreativem Selbstausdruck. Die Kraft, voll nach außen zu gehen. Kinder. Partnerschaft. Neue Arbeit. Ausdehnung. Vielfalt. Innere Sicherheit. Selbstbestätigung. Erfolg. Wettbewerb. Kreativität. Aus dem vollen schöpfen!

Sechster Zyklus: Fünfunddreißig bis Zweiundvierzig

Die Früchte der Arbeit genießen. Erfüllung von Egowünschen. Selbstsicherheit. Liebe. Die Sucht nach mehr. Die Angst, etwas zu verpassen. Erwachsensein lernen. Kontrolle. Erfolg. Höhepunkt der Kraft. Fülle. Streben. Ziele verfolgen. Macht gewinnen. Unschlagbar sein. Das Gefühl von »schrumpfender« Zeit.

Siebter Zyklus: Zweiundvierzig bis Neunundvierzig

Die Lebenskraft wendet sich langsam nach innen. Veränderter Fokus bringt erweiterte Bewußtwerdung. Interessen wandeln sich. Neue Werte, neue Ideen. Prüfungen. Glaubenswechsel. Loslassen lernen. Unsicherheit. Berufswechsel. Tiefe innere, unaufhaltsame Wandlung beginnt. Wunden werden nicht mehr versteckt. Selbstheilung erlauben. Die Frage: »Wer bin ich?« wird wichtig. Inneres Verstehen wächst.

Achter Zyklus: Neunundvierzig bis Sechsundfünfzig

Radikale Veränderungen und Transformation. Erwachen. Innere Reife. Spirituelle Suche vertieft sich. Das Loslassen der Vergangenheit. Tiefe Selbsterfahrung. Meditation. Alleinsein wird wichtig. Selbstfindung und das Wiedererkennen des eigenen Wesens beginnt. Der Mut zu sein, was man ist! Wechseljahre. Absolut neue Perspektiven. Loslassen dogmatischer Zwangsjacken. Selbstakzeptanz. Wunden heilen. Zeit fließt schneller.

Neunter Zyklus: Sechsundfünfzig bis Dreiundsechzig
Die Lebenskraft fließt jetzt ganz nach innen. Innerer Frieden, Harmonie und Gleichgewicht werden wichtig. Die Masken fallen endgültig. Das Loslassen der alten Form beginnt. Selbstvergebung. Innere Wiedergeburt. Die eigene Wahrheit leben. Zeit bekommt einen neuen Sinn.

Zehnter Zyklus: Dreiundsechzig bis Siebzig
Innere Heimkehr. Unwichtiges fällt ab. Selbstbesinnung. Geistige Ausrichtung. Gebet. Stille. Innehalten. Anteilnahme und echtes Mitgefühl. Lebenshilfe für andere. Selbstlosigkeit. Meditation. Rückbesinnung.

Elfter Zyklus: Siebzig bis Siebenundsiebzig
Körperliche Kraft wird weniger. Zartheit. Einfachheit. Weisheit. Güte. Oft auch Schub von neuer innerer Kraft, um das Ungelebte zu vollenden. Wirkliche Ehrlichkeit mit sich selbst. Rückblick auf das eigene Leben. Dankbarkeit. Freude am Da-Sein!

Zwölfter Zyklus: Siebenundsiebzig bis Vierundachtzig
Langsame psychische Ablösung vom Körper. Die Strahlkraft der Aura verringert sich. Vollkommene innere und äußere Transformation. Auflösung des Egos. Übersinnliche Visionen. Gedächtnisverlust. Kindwerdung. Rückkehr zur Unschuld. Der Lebenskreis vollendet sich. Die Seele macht sich bereit, den Körper zu verlassen. Zeit verliert an Bedeutung ...

Dreizehnter Zyklus ... endlos
Hoffentlich ein Zustand der glücklichen inneren Erleuchtung und tiefen Weisheit! Zeit gibt es nicht mehr. Rückkehr ins Paradies. Gottesbewußtsein. Einheit. Eins-Sein.

Ich möchte an dieser Stelle drei Phasen des Siebenerzyklus etwas näher beschreiben, indem ich einige Erlebnisse aus meinem eigenen Leben aufführe.

Die Zyklen sind nicht immer genau sieben Jahre lang; sie variieren oft in ihrer Dauer. Ich war bereits neunundzwanzig, als der fünfte Zyklus für mich begann.

Ich befand mich damals auf dem Höhepunkt meiner Karriere als Fotomodell und Schauspielerin. Ich war innerlich müde und ausgelaugt, da ich lange keinen richtigen Urlaub gemacht hatte.

Auf einer Reise in die Südsee, bei der ich für ein Modemagazin Badeanzug-Fotos machte, hatte ich eines Nachmittags eine Vision. Ich hatte mich vor der allzu starken Sonne ein wenig in den Schatten der Palmen am Strand zurückgezogen. Ich wollte mich ausruhen, schloß die Augen und sah folgendes Bild: Wie auf einer Breitleinwand erschien das Gesicht eines jungen Mannes vor mir. Besonders seine schönen Augen fielen mir auf. Sie waren grün wie meine. Er lächelte. Die Vision wühlte mich auf und verwirrte mich, und das Gesicht ging mir nicht aus dem Sinn.

Drei Monate später war ich zu Aufnahmen in einem Hamburger Studio, als jemand läutete. Ich öffnete die Tür. Vor mir stand ein hochgewachsener, dunkelhaariger junger Mann und lächelte. Als ich ihn ansah, begann mein Herz schneller zu schlagen. Es war das Gesicht, das ich damals in der Südsee gesehen hatte! Er trat ein. Es stellte sich heraus, daß er Amerikaner war, Charles hieß und nebenan in einer Privatschule Kunst unterrichtete. Er war mit dem Fotografen des Studios befreundet und besuchte ihn ab und zu.

Ich war noch immer wie erstarrt. Dann beschlossen wir, in der Bäckerei um die Ecke Kuchen zu holen. Auf dem Weg dorthin hielt er meine Hand, was sich vollkommen selbstverständlich anfühlte. Um es kurz zu machen, wir wußten beide sofort, daß wir zusammengehörten.

Ich flog zurück nach München und sagte sämtliche Termine ab. Man hielt mich für verrückt. Nachdem ich in München alles aufgelöst hatte, kaufte ich einen alten Landrover, und Charles und ich brachen auf in ein neues Leben. Wir fuhren Richtung Süden, ohne ein Ziel zu haben. Schließlich landeten wir in Süditalien und später dann auf Sizilien. Dort heirateten wir in aller Stille. Da Charles Künstler war und ich meine kreativen Fähigkeiten auf diesem Gebiet schon lange wieder einmal nutzen wollte, arbeiteten wir zusammen und machten aus Olivenholz und Marmor Madonnenrahmen und neue Altäre für die kleinen Kirchen in unserem Umkreis. So lebten wir fast fünf Jahre in Italien, bis uns das Leben nach Indien weitertrug…

Die Zeit um achtundzwanzig ist auch der Punkt, an dem Saturn wieder zu seiner ursprünglichen Position im Geburtshoroskop zurückkehrt. Dies geschieht alle 29 Jahre, denn so lange braucht der Planet für seinen Umlauf im Sonnensystem. Ich kenne fast kein Schicksal, das von dieser Entwicklungsphase nicht stark betroffen wurde. Veränderungen geschehen abrupt, unaufhaltsam und radikal. Man kann sich kaum dagegen wehren. Du wirst praktisch vom Strom des Lebens mitgerissen in ein völlig neues Dasein. Was immer für Dich ansteht, das passiert jetzt.

Der zweite Zyklus, der für mich unendlich wichtig wurde, war der vom zweiundvierzigsten bis zum neunundvierzigsten Jahr.

Ich war bereits lange aus Indien zurück, mein Mann und ich hatten uns leider getrennt, obwohl wir die besten Freunde blieben, und ich lebte jetzt bereits seit einigen Jahren ebenfalls in Amerika. Die Zeit der Ablösung von meinem spirituellen Meister war nicht leicht gewesen und die Integration in eine Welt, die ich glaubte, für immer verlassen zu haben, sehr schwer. Trotz meiner diversen Ausbildungen konnte ich berufsmäßig nur langsam Fuß fassen. Ich gab Sitzungen für spirituelle Lebenshilfe in Santa Fe und ab und zu Seminare. Ich begann, Meditationsreisen in die Wildnis des Südwestens anzubieten, zu Indianer-Pow-Wows, Kraftplätzen und Heilquellen. So wurden meine »Mystic Journeys« geboren.

Und plötzlich öffnete sich auch Europa wieder für mich, insbesondere die Schweiz, zu der ich mich innerlich auch sehr hingezogen fühlte. Wahrscheinlich durch die Geschichte von Heidi, dem Idol meiner Jugendzeit.

Doch nichts kam einfach. Ich arbeitete hart, hatte wenig Geld und im Grunde nur immer genau das, was ich zum Leben brauchte. Innerlich fand dafür eine große Wandlung statt. Ich hatte weniger und weniger Energie und Interesse, mich äußerlich zu exponieren. Ich begann plötzlich, mein Alleinsein zu lieben. Obwohl ich unter Menschen gewesen war und abgesehen von der Zeit in Italien immer viel Zuspruch von außen brauchte. Etwas in mir hatte sich stark verändert, ich begann mich weiter und weiter in mich selbst zurückzuziehen. Mir kamen Zweifel. Dinge, die ich noch mit fünfunddreißig heiß verteidigt hätte, machten keinen Sinn mehr. Ich glaubte nicht mehr an sie, und ich begann, auch an mir und meinen bisherigen Einsichten zu zweifeln.

Alles, was ich in Indien gelernt hatte, bekam plötzlich einen neuen Sinn. Ich verstand auf einmal, was Meditation wirklich bedeutete. Sie war nicht die Kunst spiritueller Unterhaltung, sondern das Werkzeug radikalster Transformation. Jetzt wurde ich durch meine Lebensumstände dazu gezwungen, mich wirklich mir selbst zu stellen.

Ich lebte allein, mit einem endlos weiten Blick und neun wilden Katzen, auf einem 2800 Meter hohen Berg in den Ausläufern der Rocky Mountains hinter Santa Fe. Die Straße hinauf war so gefährlich, besonders im Winter, daß mich kaum jemand besuchte. Ich war isoliert, allein und hatte jetzt vom Schicksal die Gelegenheit bekommen, all die wunderbaren Dinge, die ich in den Jahren zuvor gelernt hatte, an mir selbst zu erkunden.

Die Beziehung zu einem Mann aus Kalifornien zerbrach unter großen Schmerzen. Ich war unsicherer denn je, was mich selbst betraf. Durch die nach innen gerichtete Energie fühlte ich oft keinen Boden unter den Füßen und wußte nicht, was mit mir geschah. Alles veränderte sich. Ich mußte von vorn beginnen und mich selbst wieder von neuem kennenlernen. Es war eine Phase der »dunklen Nacht der Seele«, wie ich sie in diesem Buch beschrieben habe.

Um die neunundvierzig begannen die Früchte dieser tiefen Wandlung endlich zu reifen. Ich war aus dem inneren Loch heraus und hatte meine Gratwanderung begonnen. Ich wußte jetzt, daß ich nichts hundertprozentig wissen konnte, und das war der Anfang meiner inneren Befreiung und Heilung. Meine perfektionistische Ader, die mich mein Leben lang geplagt hatte, wurde dünner und vor allem viel weniger wichtig. Ich sah die Angst und den Wahnsinn dahinter und ließ täglich los, so gut ich konnte. Der deutsche General in mir bekam endgültig seinen verdienten Urlaub!

Ich begann mich wirklich anzunehmen, wie ich war. Nicht nur in Gedanken, sondern in meiner Realität. Es war schwer, aber nicht unmöglich. Tägliche Meditationen halfen mir, das Gedankenkarussell nicht mehr überzubewerten. Statt dessen begann ich, es zu beobachten und mir meine negativen Gedanken über meinen Zustand zu notieren. Langsam wurden mir die Zusammenhänge meiner persönlichen Geschichte klar. Der Schlüssel lag immer wieder in der Hingabe und im Loslassen …

Der Mut, wirklich ich selbst zu sein, wurde stärker. Dadurch fühlte ich mich in mir selbst von Tag zu Tag wohler und glücklicher. Sicher gab es immer wieder einmal die berühmten »Löcher«, die wir alle nur zu gut kennen, aber sie verunsicherten mich nicht mehr, sie flößten mir keine Angst mehr ein. Sie kamen, und sie gingen auch wieder. Ich war nicht mehr depressiv.

Meine Lebenskraft hatte durch meine eigene Selbstannahme wieder die Möglichkeit gewonnen, freier zu fließen. Blockaden lösten sich auf. Meine Kreativität wuchs. Die Kraft meiner inneren Visionen und intuitiven Bilder verstärkte sich. Ich war auf dem Weg nach Hause, zu mir selbst.

Jede Lebensphase beinhaltet ihre eigenen Lektionen. Wenn wir nicht lernen wollen, werden wir wiederholt mit den Dingen und Situationen konfrontiert, denen wir zuvor ausgewichen sind, vor denen wir davonlaufen wollten. Deshalb halte ich es für gescheiter, keine Zeit zu verlieren, sondern sich dem, was da ist, voll hinzugeben und daraus zu lernen.

Wir Frauen haben unendliche, noch nicht entdeckte, versteckte Kräfte in uns, die mobilisiert werden können, sobald die Notwendigkeit dafür auftaucht. Und niemand hält uns davon zurück! Es sind immer nur wir selbst, wenn wir uns durch unsere eigenen Glaubensbilder und Vorurteile verunsichern lassen und nicht den Sprung über die innere Schwelle zu unserem eigenen Wesen, zu unserem göttlichen Selbst wagen.

Das Tagebuch für sieben mal sieben Tage

Einige Richtlinien:

1. Kritik an sich selbst, an anderen, von anderen registrieren. Sehen, ob Du Dich weniger und weniger damit identifizieren kannst. Feststellen, was sich wiederholt.

2. Veränderungen in Körperhaltung und Befinden notieren. Wann und wo, welche Schmerzen und Beschwerden schwächer oder stärker werden.

3. Gefühle und Launen beschreiben. Auch solche, die Dir nicht angenehm sind!

4. Innere Bilder und Erlebnisse sowie Träume aufschreiben.

5. Konkrete Alltagserlebnisse nach den Meditationen beachten lernen. Wie du dich danach fühlst, ob du andere Gedanken hast als zuvor.

6. Beobachten, wie oft der Atem nicht natürlich fließt, wo und wann es Dir am meisten auffällt.

7. Hauptgedanken finden!

8. Aufschreiben, was Du gern in der Zukunft tun möchtest.

9. Beobachte und schreibe auf, ob Du meinst, was Du sagst, und sagst, was Du meinst. Versuche einmal, alles andere wegzulassen. Vereinfache Deine Kommunika-

tion, indem Du mehr und mehr vom Herzen aus sprichst!

10. Vergiß nicht, Dich immer wieder an Dich selbst zu erinnern!

Benutze das Tagebuch, während du dieses Buch liest!

Es ist sehr wichtig, schnell zu schreiben, dabei nicht allzuviel nachzudenken, sondern die Gedanken fließen zu lassen. Wirklich das zu schreiben, was ganz spontan kommt! Du mußt es niemandem zeigen. In diesen ersten Tagen ist es besser, sich nicht zuviel verbal mitzuteilen, sondern lieber alles aufzuschreiben. Damit konzentrierst Du Deine Energie auf Dich.

Bei dieser Bestandsaufnahme kann Dir niemand helfen, da alle Eingebungen und wohlgemeinten Ratschläge anderer Menschen natürlich von deren Wunschdenken geprägt sind. Es bietet sich später noch reichlich Gelegenheit, über das, was Du in Dir entdeckt hast, mit anderen zu sprechen und Deine Erfahrungen mitzuteilen.

Schau in Deinen Kühlschrank und Deinen Küchenschrank und wirf alle alten Öle weg! Das beste Öl für Deinen Körper ist und bleibt gutes, reines Olivenöl. Margarine ist nicht gut.

Wirf allen künstlichen Süßstoff fort. Er hilft Dir weder bei der Gewichtsabnahme, noch ist er gesund. Brauner, natürlicher Rohrzucker oder Honig sind viel besser.

Iß ab jetzt mehr grünes Gemüse, vor allem Brokkoli (sehr gut gegen Krebs), und Fisch, am besten Lachs und Sardinen. Beides ist gut für Dein Blut, hilft bei Verstopfung und Verkalkung der Arterien. Wenn Du keinen Fisch ißt, ist ein Eßlöffel feingemahlener Leinsamen pro Tag ebensogut.

Rauchen und Alkohol einschränken oder ganz damit aufhören!

Laufe ab jetzt mindestens zehn Minuten pro Tag. Es ist die allerbeste Übung, die es gibt, und sie hat den niedrigsten Risikofaktor in bezug auf Verletzungen.

Wenn Du Dir für die folgenden Wochen ein bestimmtes Ziel setzt, dann bitte ein erreichbares Ziel!

Beobachte ab jetzt mindestens fünf Minuten pro Tag Deinen Atem. Richte für diese Zeit Deine ganze Aufmerksamkeit auf Deinen Atem. Hier ist eine einfache Atemmeditation, die Du jeden Tag machen solltest. Zehn Minuten genügen.

Während Du gehst, atmest Du zunächst ganz tief aus und zählst beim Einatmen bis vier. Dann hältst Du Deinen Atem an und zählst dabei innerlich bis sieben. Jetzt läßt du Deinen Atem wieder ganz langsam ausströmen und zählst dabei bis acht. Deine Schritte werden sich Deinem Atem angleichen. Du kannst diese Übung auch im Sitzen oder im Stehen machen.

Es ist eine uralte, äußerst bewährte Yogaübung. Wenn sich Dein Kopf zu Beginn »leicht« anfühlt, ist das ganz normal. Leg Dich kurz hin. Dann mach unbesorgt weiter.

Erster Tag

Ich erinnere mich an meine Flügel und will jetzt …

Lösungen kommen dann, wenn Du bereit bist,
Deine Sichtweise zu verändern.

Zweiter Tag

Ich kann nur ich selbst sein und werde deshalb …

Ich bin vollkommen, so, wie ich bin!

Ich kann jetzt meine Sorgen besser loslassen, weil …

Ich muß nicht perfekt sein, um vollkommen zu sein.

Vierter Tag

Ich beginne mich von neuem kennenzulernen, indem ich …

Ich beginne mich selbst in einem neuen Licht zu sehen.

Fünfter Tag

Heute lasse ich mein Herz sprechen
und habe dabei Gefühle von …

Mein Herz ist mein Zentrum.

Sechster Tag

Gedanken kommen und gehen, sie fließen von allein auf das Papier …

Ich lasse meinen Verstand still werden, indem ich mich weniger mit ihm identifiziere.

Siebter Tag

Was ich in der Stille in mir empfinde, wenn ich nichts dazu tue, ist…

Ich genieße eine neue Art von Ruhe in mir.

Zweite Woche

Prüfe den Zustand des Wassers, das Du trinkst. Bemühe Dich um gutes Wasser. Informiere Dich über Soyaprodukte. Probiere aus, was Dir schmeckt. Experimentiere mit grünem Tee aus dem Bioladen und schränke Deinen Kaffee-Verbrauch ein.

Verlängere Deinen täglichen Spaziergang auf 15 Minuten und beginne mit täglichen Streckübungen. Wenn du lange in einer bestimmten Haltung sitzen mußt, stehe immer wieder auf und strecke Deinen Körper in die entgegengesetzte Richtung, um ihn auszubalancieren!

Wähle einen Tag in dieser Woche, an dem Du keine Nachrichten hörst. Du hast immer die Wahl, mit welchen mentalen Schwingungen Du Dein Gehirn füllen willst. (Die wirklich wichtigen Dinge vernimmst du sowieso.)

Beobachte jeden Tag fünf Minuten lang Deinen Atem, wie er ganz von selbst ein- und wieder ausströmt. Atemmeditation.

Achter Tag

Auch wenn sich mein Denken wehrt, schreibe ich weiter und erlaube mir dadurch …

Ich bin mir wichtig!

Neunter Tag

Ich fühle mich sicher mit …

Mein Alleinsein macht mir Freude, ich fühle mich wohl in meiner Gesellschaft.

Zehnter Tag

Ich lasse los von …

Indem ich das Alte loslasse, schaffe ich den nötigen Raum für das Neue.

Elfter Tag

Wenn ich allein bin, dann möchte ich am liebsten ...

Mein Alleinsein beschenkt mich mit frischer Kraft und läßt mich die Dinge neu sehen.

Zwölfter Tag

Wovon kann ich mich verabschieden, und was möchte ich in mein Leben einladen …

Ich bekomme genau das, was ich brauche.

Dreizehnter Tag

Die Chance, mich so anzunehmen, wie ich bin, besteht darin, daß …

Ich kann mich voll und ganz annehmen, wenn ich aufhöre, mich mit anderen zu vergleichen.

Vierzehnter Tag

Woran denke ich am meisten, wenn ich allein bin, wie sieht meine innere Welt aus …

Seitdem ich weiß, daß ich mir meine eigene Welt schaffe, bin ich bewußter und wacher.

Dritte Woche

Bemühe dich mehr und mehr darum, biologisch-dynamisches Gemüse und Obst zu essen. Prüfe, woher die Ware kommt! Iß möglichst einheimische Produkte von Bauern, die biologisch anbauen. Tausche eine Fleischmahlzeit gegen eine Mahlzeit mit Sojaprodukten aus.

Achte auch auf eventuelle elektromagnetische Störfelder in Deiner Wohnung. Benutze keine elektrischen Decken und Heizkissen, wenn irgend möglich. Auch elektrische Wecker auf dem Nachttisch sowie Haartrockner, wenn Du sie oft benutzt, sind schädlich.

Verlängere Deinen täglichen Spaziergang auf 20 Minuten.

Umgib Dich mit fröhlichen Menschen!

Denke an Deinen Atem! Atemmeditation.

Fünfzehnter Tag

Ich kann mir ein neues Leben vorstellen …

Ich durchschaue meine Erwartungen und lasse meine Angst vor Enttäuschungen los.

Sechzehnter Tag

Wenn ich ganz tief in mich hineinschaue, sehe ich ...

Ich habe die Kraft, mir selbst und anderen zu vergeben!

Siebzehnter Tag

Ich kann meine Probleme lösen, indem ich …

In schwierigen Zeiten zeigt sich mein Mut.

Achtzehnter Tag

Ich leide am meisten, weil ich …

Ich höre jetzt auf meine innere Stimme!

Neunzehnter Tag

Wenn ich mich selbst lieben würde, würde ich …

Wenn ich gut zu mir selbst bin, wächst mein Selbstvertrauen.

Zwanzigster Tag

Ich möchte meine Arbeit wechseln, aber ich traue mich nicht, weil ...

Am liebsten würde ich das tun, was mir Spaß macht!

Einundzwanzigster Tag

Wenn ich morgens froh erwache, ist der ganze Tag …

Oft freue ich mich ohne äußerlichen Grund und fühle mich voller Zuversicht.

Vierte Woche

Achte darauf, daß Du mehr Schlaf bekommst, und lege auch mehr Ruhepausen ein. Ist Deine Matratze gut für Deinen Rücken? Iß ab jetzt mehr Knoblauch. Knoblauch ist eine absolute Wunderpflanze für unsere Gesundheit! Du kannst ihn auch in Kapselform einnehmen. Er reinigt Dein Blut, unterstützt Dein Immunsystem, stärkt Deine Nerven und ist eines der besten Vorbeugungsmittel gegen Krebs.

Kaufe Dir Ingwer und nimm ihn täglich zu Dir, entweder in Form eines Tees, roh oder auch leicht gesüßt. Ingwer ist das beste Mittel gegen Entzündungen aller Art. Das indische Gewürz Tumeric hat ähnliche Wirkungen. Du kannst es auf die verschiedensten Speisen streuen.

Trinke genügend Wasser!

Verlängere Deinen täglichen Spaziergang auf 25 Minuten.

Beobachte täglich Deinen Atem für fünf Minuten. Atemmeditation.

Zweiundzwanzigster Tag

Wenn ich still sitze, meditiere und einfach da bin, ohne etwas zu tun, ziehen folgende Gedanken vorbei …

Ich kann meine Gedanken auch einfach weiterziehen lassen.

Dreiundzwanzigster Tag

Es fällt mir manchmal schwer, mich aus meinen Umständen zu befreien, weil …

Wenn ich mir Zeit für mich selbst nehme, finde ich die Lösung.

Vierundzwanzigster Tag

Es geht mir bereits wesentlich besser, weil ich regelmäßig …

Indem ich auf meinen Körper achte, bin ich bewußt.

Fünfundzwanzigster Tag

Manchmal kann ich sehr gut loslassen, indem ich ...

In meinen Träumen finde ich immer wieder die richtige Botschaft.

Sechsundzwanzigster Tag

Ich kann jetzt auch anderen vergeben, weil ich …

Ich fühle, daß ich innerlich zu heilen beginne.

Siebenundzwanzigster Tag

Meine Geschichte wird mir immer klarer, weil ich jetzt ...

Ich kann loslassen, was mir weh tut, ich muß es nicht weiter festhalten.

Achtundzwanzigster Tag

Ich habe gelernt, mich von falschen Ideen über die weibliche Kraft zu lösen, indem ich …

Ich kann mit meiner Freiheit jetzt besser umgehen.

Fünfte Woche

Gehe ab jetzt mindestens einmal in der Woche in eine Sauna oder in eine heiße Quelle zum Baden. Schwitzen ist eine fabelhafte Methode, dem Körper beim Ausschwemmen von alten Giften zu helfen.

Iß jetzt mindestens zweimal wöchentlich Brokkoli, nur leicht gedünstet, wenn Du magst, mit etwas Olivenöl, Zitrone und Sojasauce. Iß zweimal Fisch und zweimal ein Sojaprodukt sowie reichlich Früchte, Gemüse und Getreide.

Höre und schaue Dir noch weniger Nachrichten an.

Gehe statt dessen in ein Museum, in dem harmonische und schöne Bilder hängen und ästhetische Skulpturen ausgestellt sind. Laß Dich von Schönheit aller Art inspirieren!

Mach Deine Streckübungen und auch Deinen Spaziergang.

Atemmeditation. Kauf Dir Blumen!

Neunundzwanzigster Tag

Indem ich mich mehr und mehr auf meine weibliche Kraft einstimme, beginne ich …

Mein Selbstwertgefühl wird stärker und positiver!

Dreißigster Tag

Seitdem ich keine Angst mehr habe, ich selbst zu sein, fühle ich mich...

Ich habe nie gewußt, daß wahre Selbstannahme so befreiend ist!

Einunddreißigster Tag

Weil ich jetzt bereits weniger Schuldgefühle habe, kann ich ...

Ich vertraue meiner inneren Kraft.

Zweiunddreißigster Tag

Jetzt kann ich meine eigene Weiblichkeit wieder …

Meine spirituelle Meisterin lebt in mir selbst!

Dreiunddreißigster Tag

Indem ich mich mir selbst zuwende, bin ich …

Seit ich mir selbst wichtig bin, sehe ich auch alle anderen Menschen mit neuen Augen.

Vierunddreißigster Tag

Ich höre jetzt mehr auf mich selbst und kann dadurch …

Der Sinn meines Lebens offenbart sich mir immer dann, wenn ich entspannt bin.

Fünfunddreißigster Tag

Jetzt heile ich viel schneller, weil …

Der neue Sinn, ein neues Verständnis, offenbart sich mir ganz spontan.

Sechste Woche

Kaufe Dir ein gutes Ginseng-Mittel und nimm davon einen Teelöffel pro Tag. Ginseng kräftigt Dein gesamtes System und macht Dich widerstandsfähiger.

Hilf jemandem in Deiner näheren Umgebung. Sei für einen anderen Menschen da. Heile eine Beziehung, indem Du vergibst.

Lausche schöner, harmonischer, meditativer Musik. Höre Dir keine Nachrichten an.

Verlängere Deinen Spaziergang auf 30 Minuten pro Tag und Deine Atemübung auf zehn Minuten. Atemmeditation.

Sechsunddreißigster Tag

Ich falle in meine innere Tiefe und fühle mich …

Auch in der inneren Dunkelheit finde ich Geborgenheit und Liebe!

Siebenunddreißigster Tag

Mich selbst wiederzugebären ist wunderbar …

Ich lerne mich ganz neu und mit Freude kennen!

Achtunddreißigster Tag

Ich habe keine Angst mehr, frei zu sein, und kann jetzt …

Ich habe wieder Spaß am Leben!

Neununddreißigster Tag

Meine innere Freude ist wieder erwacht, und ich …

Ich erlaube mir, alles in meinem Leben zu genießen!

Vierzigster Tag

Ich kann jetzt auch die »dunklen«, ungeliebten Seiten in mir annehmen, weil ich …

Ich habe keine Furcht mehr vor meinem Schatten.

Einundvierzigster Tag

Weil ich mich nicht mehr selbst negativ bewerte und kritisiere, ist …

Ich vertraue auf meine Intuition, ich höre auf mich selbst.

Zweiundvierzigster Tag

Seitdem ich regelmäßig meditiere, erfahre ich …

Ich spüre, wie immer mehr Altes von mir abfällt.

Siebte Woche

Bemerke bewußt die Veränderungen der letzten Wochen. Schreibe sie auf. Stelle fest, was Dir besonders gut tut.

Lese Geschichten über Menschen, die spontane Heilungen erlebt haben, weil sie ihrer eigenen Heilkraft vertraten und lernten, daß ihr inneres Gleichgewicht, ihre innere Balance, die Voraussetzung ihrer Heilung bedeutete.

Bleibe bei Deiner neuen Diät.

Und vergiß nicht, Dich zu strecken und zu laufen.

Fahre fort, zehn Minuten pro Tag Deinen Atem zu beobachten. Atemmeditation.

Kaufe Dir Blumen und verschenke auch einen Strauß!

Dreiundvierzigster Tag

Weil ich mir selbst und meiner Intuition mehr vertraue, bin ich …

Ich fühle mich ausgewogener und viel mehr im Gleichgewicht.

Vierundvierzigster Tag

Ich sehe jetzt auch mit dem Herzen und kann …

Ich freue mich über die kleinsten Dinge!

Fünfundvierzigster Tag

Ich folge meiner eigenen Weisheit, indem ich …

Ich weiß, daß ich mir selbst am nächsten bin.

Sechsundvierzigster Tag

Ich spüre mein inneres Zentrum, und ich lebe …

Seitdem ich mich wirklich ganz angenommen habe, wie ich bin, ist mein Leben wie verwandelt!

Siebenundvierzigster Tag

Ich kann jetzt voller Vertrauen meinem eigenen Licht folgen …

Auch wenn ich mich einmal irre, ist es nicht mehr schlimm.

Achtundvierzigster Tag

Seit ich mich nach innen gewandt habe …

Ich brauche nicht mehr im Außen nach mir selbst zu suchen!

Neunundvierzigster Tag

Ich bin jetzt voller Energie und neuer Kraft …

Nach einer langen Reise habe ich innerlich nach Hause gefunden!

Beobachte, wie sich in den vergangenen Wochen Dein veränderter Lebensstil auf Dein Wohlbefinden ausgewirkt hat. Das Motiv für Veränderungen muß nicht immer Angst sein und muß nicht immer erst dann auftauchen, wenn es Dir bereits schlecht geht.

Es gibt auch positive Motive:

Du fühlst Dich besser!

Du siehst besser aus!

Du bekommst mehr Energie!

Du kannst Probleme und Situationen in Deinem Leben mit einem Lachen bewältigen.

Erfühle, mit welchen Veränderungen Du fortfahren willst und kannst. Es soll wiederum keinen Extra-Streß für dich bedeuten. Wenn Du nur 15 Minuten laufen kannst, dann ist das auch wunderbar und besser als nichts. Mach kein unabwandelbares Ziel daraus, aber übe trotzdem etwas Diziplin, auch wenn es manchmal Überwindung kostet.

Wenn Du Dich rundum besser zu fühlen beginnst, bist Du auf dem richtigen Weg. Zuviel Streß ist und bleibt einer der Hauptfaktoren allen Leidens und fast aller Krankheiten in unserem Leben. Achte deshalb immer auf eine gewisse Balance.

Menschen, die innere und äußere Heilung fanden, haben folgendes gemeinsam:

- Für sie war »Nein« keine Option, keine Antwort, ganz egal, von wem sie kam!
- Sie bemühten sich aktiv um Informationen und suchten Menschen auf, die Heilung erfahren hatten.
- Sie zögerten nicht, auch wenn ihre Heilung nach einer radikalen Veränderung ihres Lebensstils verlangte.
- Ihre Krankheit, ihr inneres Unglück wurde als ein Geschenk für einen notwendigen Wandel empfunden und zeigte ihnen eine neue Art, zu leben und zu sein!
- Sich der Krankheit hinzugeben und NICHT zu kämpfen, aktivierte ihre eigene innere Heilkraft!

Weitere Hilfen auf dem Weg

Alles, was Dich tief entspannt, ist gut.

Cranio-Sacral-Sitzungen öffnen und bewegen durch die innere Ruhe des Therapeuten auf ganz sanfte Art die stagnierte Lebenskraft und lassen den Körper wieder in seinem eigenen Rhythmus schwingen und Dich somit schneller heilen. Sehr gut nach Operationen oder Unfällen und während tiefgreifender seelischer und körperlicher Wandlungen.

Außerdem Körperarbeit, wie Rebirthing, Yoga, Rebalancing, Shiatsu und andere Massagetechniken. Akupunktur, um die Kraft in den Meridianen zu unterstützen, die alle Organe mit Energie versorgen. Alleinsein. Stille. Gebet. Nichtstun. Regelmäßige Meditationen, auch im Stehen, beim Gehen und Tanzen. Katharsis. Tanz. Latihan. Schwimmen.

Spaziergänge in möglichst unberührter Natur. Laufen und auch ganz bewußt langsam gehen. (Alles, wobei der Körper von selbst loslassen kann.) Und LACHEN, LACHEN, LACHEN! Lachen ist die beste Heiltherapie, die es gibt!

Wenn Du zu Anfang Deine Wut, Angst und Enttäuschung hinausschreien mußt, suche Dir ein Wachstumszentrum, in dem dies möglich ist, in dem man Dich in dieser Phase liebevoll begleitet.

Oder besorge Dir einige gute, feste Kissen, an und auf denen Du Deine Wut ausläßt. Bitte nur auf die Kissen einschlagen, nicht auf Menschen!

Hab keine Angst, schäme Dich nie, Deine Tränen fließen zu lassen. Laß los. So total Du kannst, denn dadurch beginnt Deine innere Heilung. Sobald Du innerlich stiller geworden bist, geschieht Meditation ganz von selbst.

Wenn Du Disziplin brauchst, schaffe sie Dir. Mach niemand anderen dafür verantwortlich.

Vergiß nie, daß Du Dir selbst wirklich vertrauen kannst, die richtige Methode, den besten Weg für Dich selbst zu finden. Es gibt eine Kraft in Dir, die dies möglich macht. Ganz gleich, ob Du sie Dein höheres Selbst, Deine Seele, Deine Göttin, Deinen Gott oder die Allmacht des Universums nennst …

SIE IST IMMER FÜR DICH 1DA!

Diderot sagte vor langer Zeit:
»Wenn Du für Frauen schreibst, so mußt Du Deine
Feder in einen Regenbogen tauchen …«
Ich hoffe, es ist mir gelungen!

Literaturhinweise und Adressen

Allgemeine Literatur

Arnold, Anthony: *Rhythmus und Berührung. Eine Einführung in die Cranio-Sacral-Therapie.* Goldmann, München 1995

Estés, Clarissa Pinkola: *Die Wolfsfrau.* Wilhelm Heyne Verlag, München 1993

Hofmann, Albert: *Einsichten – Ausblicke.* Wilhelm Heyne Verlag, München 1997

Krishnamurti, Jiddu: *Du bist die Welt.* Fischer Taschenbuch Verlag, Frankfurt 1993

Osho: *Das Buch der Heilung.* Wilhelm Heyne-Verlag, München 1995

Osho: *Der vollkommene Weg.* YAA-HOO! Bücher, Zürich 1994

Pörner, Gabi: *Küß' Dich wach, Prinzessin!* Peter Erd Verlag, München 1993

Rohr, Ursula und Wulfing von: *Meditation. Der tägliche Weg zum Selbst.* Econ-Verlag, Düsseldorf 1996

Singh, Rajinder: *Heilende Meditation.* Urania, Neuhausen 1996

Veröffentlichungen von Gayan Sylvie Winter

Wenn das Herz frei wird. Ullstein Verlag, Berlin 1991

Zauberland des Westens. Frederking und Thaler, München 1992

Tarot für Frauen. Wilhelm Heyne Verlag, München 1995

Meditation für Frauen. Wilhelm Heyne Verlag, München 1996

Die Nacht der Mandragora. Wilhelm Heyne Verlag, München 1997

Tarot der Liebe. Mit W. von Rohr. Wilhelm Heyne Verlag, München 1997

Tarot, der Weg der Selbsterkenntnis. Bauer Video, Freiburg 1990

Mystische Reisen. Tiefenentspannungen, Meditation. CD und Kassette, Bauer Verlag, Freiburg 1992

Meditation. CD und Kassette, Ariola Miller, München 1994

Körperarbeit und spirituelle Therapien

Sphinx-Craniosacral-Institut, Postfach 629, CH-4003 Basel. Tel.: 0041-61-2740774, Fax: 0041-61-2740775

Jährliche Ausbildungskurse

Osho TAO Center München, Klenzestraße 41, 80869 München. Tel.: 089-2024090, Fax: 089-20240918
Zentrum für spirituelle Therapie und Meditation

Osho UTA, Venloerstraße 5-7, 50672 Köln. Tel.: 0221-5740730, Fax: 0221-523930
Zentrum für spirituelle Therapie und Meditation

Seminare, Privatsitzungen und Reisen mit Gayan Sylvie Winter
Buchhandlung im Licht, Oberdorfstraße 28, CH-8024 Zürich. Tel.: 0041-1-2526868, Fax: 0041-1-2526860
Information über Seminare

Sphinx Workshops, Postfach 629, CH-4003 Basel. Tel.: 0041-61-2740774, Fax: 0041-61-2740775
Information über MYSTIC JOURNEYS USA (jährliche Reisen, jeweils im Herbst, max. 9 Personen. Besuch des größten Navajo Nation Pow Wow im Südwesten der USA, Heilquellen, Kraftorte, Abenteuer, Entspannung, Meditation)